森永卓郎流「生き抜く技術」

31の
ラストメッセージ

森永卓郎
Morinaga Takuro

祥伝社

Message

01

誰だって幸福な人生を送ることができる

～「はじめに」に代えて～

私が獨協《どっきょう》大学で教鞭《きょうべん》をとるようになったのは、2004年のことだ。ちょうど、「ニュースステーション」(テレビ朝日、現在は「報道ステーション」)のコメンテーターを務め、2003年には『年収300万円時代を生き抜く経済学』(光文社)が大ヒットして、それこそ秒単位でスケジュールが詰まっている状態だった。

それでも、私は獨協大学からの特任教授就任のオファーを引き受けた。父が毎日新聞を退職後に獨協大学で専任講師を務めていたことへの恩もあったし、**大学教育を通じて少しは社会貢献をしよう**という気持ちもあったからだ。そして、2006年から正教員として働くようになり、すでに20年近くの年月が経過している。

正教員になって一番やりたかったことは、自分のゼミを持つことだった。私の東京大学経済学部時代のゼミの指導教官は津曲直躬《つまがりなおみ》教授で、管理会計のゼミだった。この津曲先生のゼミ運営は特殊で、ゼミ論のテーマは完全に自由であり、防衛問題や宗教、理論経済学、ベンチャー論など、ゼミ生は自分の好きなテーマを選んでいた。

私自身、3年生のときのテーマは「エネルギー需給の長期予測」、4年生のときのテーマは「新聞社の経営問題」を選んだ。上から与えられたテーマではなく、自分のやりたいことだから、自《おの》ずと研究、発表にも力が入る。私は、そうしたゼミ運営を獨協大学でもやりたいと考えていた。

ただ、実際にゼミを始めてみると、ひとつの壁が立ちはだかっていた。それは、どうやって学生の就職を支援するのかということだ。ゼミ生はシャイな性格の学生が多く、それが就活の際の大きな足かせになっていた。

そこで私は、新しくゼミに入ってきた2年生の春学期と夏休みのゼミ合宿で、トーク力をつけるトレーニングを始めた。なぞかけ、川柳《せんりゅう》、即興漫才、一発ギャグなどなど……。詳しくは本文で述べるが、どんな場面でも頭が真っ白にならないように、徹底的な実践トレーニングをした。

やがて、**「黙るよりスベれ」**が森永ゼミのモットーとなった。**スベって、スベって、スベりまくると、いつの間にか、どんな状況でも決して動じない〝鋼《はがね》の心臓〟ができあがる。**「森永ゼミは、まるで芸人の養成所みたいなことをやっている」という批判もあったが、私は学生のためになるという確信を持っていたし、実際、このトレーニングは就活の際に圧倒的な効果を発揮した。

近年は空前の人手不足で、そんなことをしなくても、容易に就職できる時代が到来している。正直、私は、そんなに厳しいトレーニングをしなくてもよいのではないか、と迷ったこともあった。

しかし、先日、ゼミの1期生たちに会って、継続を決めた。多くの1期生が「成り上がり転職」をしていたからだ。**私のゼミで培《つちか》った学生たちのトーク力は、社会に出てからも役立っていた**のである。

もちろん、私のゼミでは、そうしたプレゼンテーションのトレーニングをしているだけではない。

もうひとつの大きな柱は、学生の発表を論評するタイミングに合わせて、**私のこれまでの社会経験から、若者たちに幸福な人生を送るためのコツを伝えている**ことだ。それは、大上段《だいじょうだん》に構えて教訓を垂《た》れるというよりも、エピソードトークを挟《はさ》むような気軽な感じのものである。

ただ、私の学生たちへのメッセージは、その場の流れでしゃべっている。そのため、これまでの卒業生ですら、すべてを聞いた学生はいないし、ましてや学外の学生には、ほとんど伝わっていない。

そこで本書では、私が語ってきた「エピソードトーク」を、まとめてご紹介することにした。特定の理論に立脚した話でもないし、体系化もされていない。

だが、**私の波乱万丈な人生のなかから見出した法則なので、若い人はもとより人生の目標に迷っている中高年の人にも大きく役に立つ**のではないかと考えている。

むずかしい話はないので、ぜひ、お読みいただければ幸いだ。

森永卓郎流「生き抜く技術」
31のラストメッセージ

もくじ

Chapter 1
お金に関するモリタク流「常識」と「非常識」

Chapter 2

仕事に関するモリタク流「常識」と「非常識」

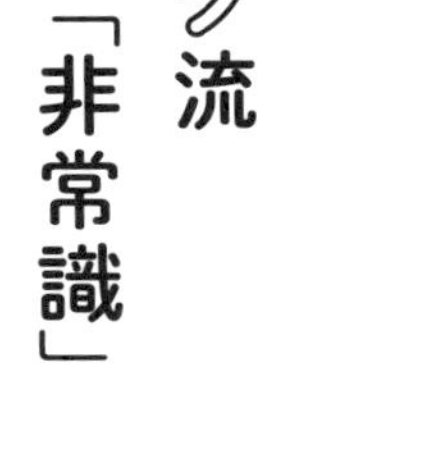

Chapter 3

人生に関するモリタク流「常識」と「非常識」

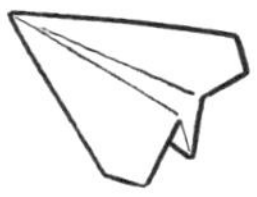

カバーデザイン
HOLON
本文デザイン・DTP
茂呂田剛（エムアンドケイ）
イラスト
かたおかもえこ
編集協力
水波康（水波ブックス）

Chapter 1

お金に関するモリタク流「常識」と「非常識」

Message

02

お金は、自分の自由を守るための「武器」である

ケチ、セコい、しぶちん。私はずっとそう呼ばれてきた。

息子からは、「ポイントが貯まったり、割引券が使えるファミレス以外、連れて行ってもらったことがない」と言われ、周囲からは、「たくさん稼いでいるんだから、もっとカネを使ったらどうだ」と言われ続けている。

お金に縛られない人生を送るために必要なものとは？

私が「節約」を始めたきっかけは、必要に迫られたからだ。

1985年、私は当時勤務していた経済企画庁で夜中に経済モデル（経済の将来を予測するための数式、方程式）をいじっていた。すると、**「株価と地価が暴騰する」というシミュレーションの結果が出てきた**のだ。

それを見た私は、「バブルが来るぞ」と庁内を吹いて回ったが、まだ「バブル」という言葉さえ浸透していない時代だ。誰も私の言葉を信じてくれなかった。

頭にきた私は、「だったら自分で家を買って証明してやる」と宣言し、東京近郊の埼玉県所沢市に、2680万円で中古の一戸建て住宅を購入した。

当時の私は年収300万円。住宅ローンの金利は7％で、ローンを控除後の月額の手取りは6万円台に転落してしまう。

しかも、ちょうど長男の康平《こうへい》が生まれたばかりで、妻の母乳が十分でなかったこともあり、康平に与える粉ミルクを買うことが、家計における最優先の課題となった。

当時の物価は、いまとさほど変わらないから、親子3人で月額6万円台の手取り収入では、なかなか暮らせない。そこで私がとった対策が、徹底的な節約と物書きのアルバイトを始めることだった。

その後、物書きのアルバイトが順調に増えていったため、わが家の極貧状態は、1、2年で解消したのだが、**私が節約の手綱《たづな》を緩めることはなかった。それは、お金に縛られる人生を避けるためだった**のだ。

お金がないと、どうしてもお金を稼ぐために自分の信条を曲げざるを得ない事態に追い込まれてしまう。

たとえば、消費者の健康に深刻な被害を及ぼすような製品を販売してしまったり、粉飾決算をしたりといった「企業犯罪」に手を染めるサラリーマンがたくさんいる。

彼らの大半は、根っからの悪人というわけではない。ただ、収入を失うことが怖くて、家族の生活を守るため、悪いことだとわかっていながら、企業犯罪をやめられないのだ。

そこまで深刻でないにしても、上司から理不尽な命令がなされることなど、日常茶飯事だ。そうしたときに、お金がなかったら、黙って言うことを聞く以外に選択肢はない。

だが、**ある程度のお金を持っていて当面の暮らしに不安がなければ、辞表を叩きつけるという選択肢を持つことができる**のだ。

それだけではない。人生にはさまざまなリスクが襲ってくる。

親の介護をしなければならなくなる、交通事故を起こしてしまった、新しい技術を身につけるために留学が必要になった、などといったさまざまな事情で、お金が必要になる場面がやってくるのだ。

これは私だけの特殊事情だろうが、権力者を批判すると、スラップ訴訟に巻き込まれることもある。スラップ訴訟というのは、批判した相手から濡《ぬ》れ衣《ぎぬ》の容疑で民事裁判を起こされることだ。私は数回巻き込まれた。

もちろん、でたらめなことは言っていないので、敗訴したことは1回もないが、一たび裁判を起こされると、弁護士費用などで1000万円程度の負担が避けられなくなる。そうした事態を回避しようと思ったら、権力者に逆らわない評論を続けるしかない。私の周りの評論家は、そうした選択をする人が圧倒的に多い。

だが、私は自分の論説を歪《ゆが》めることができない。だから、常に訴訟を起こされたときに備えて、お金を用意しておかなければならないのだ。

お金を貯めたら「やりたくない仕事」の切り捨てに進む

私はお金が好きで、もっとお金が欲しいからお金を貯めてきたのではない。**自分の自由を守るためにお金を貯めてきた**のだ。もちろん、そうだからこそ、無限にお金を貯める必要などない。

世の富裕層は、「お金中毒」にかかっていることが多い。10億円持っていたら、それを翌年20億円にしようとする。20億円を手に入れたら、それを100億円に、100億円持ったら、今度はそれを1000億円にしようとする。

一般的に1億円貯めたら、一生稼ぐ必要がなくなる。10億円あったら子どもたちの代まで、100億円あったら孫の代まで、勤労の義務から解放される。ところが、お金中毒の人たちは、使うあてのないレベルまで、お金を増やそうとするのだ。

それでは、生きていくために、どのくらいのお金があれば十分なのか。

私が昔から言っているのは、「生活費の３年分」だ。**何かあって収入が途絶えたとき、3年分の生活が保障されていれば安心**だからだ。

３年あれば、その間に別の仕事を探したり、別の場所に引っ越したりして、新しい暮らしを始めることができる。そうした**「緩衝材」としての役割を果たすのが貯金**なのだと、私は考えている。

ちなみに、**この「3年分」のポイントは、収入の3年分ではなく生活費の3年分ということ**だ。

だから普段から節約を進めて、基礎消費（衣食住の費用など所得に関係なく日常生活で最低限必要な支出）を下げておけば、必要な貯蓄も、それに応じて小さくなる。年間１００万円で暮らせる人なら、必要な貯蓄は、たった３００万円でよいことになる。

それでは、必要な貯蓄を確保したあとは、どうすればよいのか。

よく聞く話は、「その分は自己投資に振り向けなさい」というものだ。私は、そうした考えが好きではない。それは、自己投資という言葉のなかに「もっと稼いでやろう」という〝野心〟が隠されているからだ。

そうではなく、**必要な貯蓄を確保したら、その後は、やりたくないほうから順番に、「カネを稼ぐための仕事」を切り捨てていけばよい**。

私は自分の出演料や原稿料が法外に高いという批判を、しばしば受ける。だが、私はすでに十分な貯蓄を確保しているので、やりたくないが「どうしても」と頼まれた仕事については、それ相応の対価を要求しているだけだ。

反対に、自分がどうしてもやりたい仕事については、単価に関係なく引き受けている。

ちなみに、私の「貯蓄」は思わぬ効果を発揮した。

いま、私はガン治療のために毎月100万円を超える治療費を自己負担している。自由診療の治療費が高いからだ。

先日、預金通帳を見たら、ガン宣告をされて以降、2000万円ほど残高が減っていた。毎月の治療費に加えて、初期に集中的に行なった検査や入院の費用が重なったからだ。

もし、そのお金がなかったら、どうしたか。自由診療をあきらめ、保険診療の範囲内で治療をしただけの話だ。

正直言って、自由診療の効果がどれだけあったかは、よくわからない。わからないけれど、とりあえず手元にお金があったから、私はそのお金を毎月、自由診療の点滴薬に変えている。それで、とくに不安や不満があるわけではない。

どうせ、お金をあの世まで持っていくことなどできないのだから。

モリタク教授の
ここがポイント

- ある程度のお金を持っていれば、自分の信条を曲げないで生きられる
- 「節約」は自分の自由を守るために行なう
- 「お金中毒」になってはいけない
- とりあえず生活費3年分のお金を貯めればいい
- 「自己投資」より「やりたくない仕事」を切り捨てることが大事
- 当たり前だが、お金をあの世まで持っていくことは誰もできない

Message

03

「投資は儲かる」というのは幻想にすぎない

お金が、自ら増えることはない。**お金が増えるのは、働いたときと他人から奪ったときだけ**だ。ドロボウやサギ師になる覚悟がないなら、働く以外にお金を増やす方法はないと考えるべきである。

資本主義社会ではバブルは必ず発生し、必ず崩壊する

いま、お年寄りはもとより若者たちですら、心の片隅に老後の不安を抱えている。だから、できるだけコスパのよい暮らしをして、余剰資金を株式投資などで増やそうとする。**経済評論家も政府も、「長期・分散・積み立て」の3原則を守っていれば、株式投資は確実に儲かると喧伝《けんでん》するから、すっかり「投資は儲かるもの」と、信じ込んでしまっている。しかし、それは根本から間違っている**のだ。

マルクスは、商品の価格は「労働価値」か「使用価値」で決まるとした。商品を製造するのにどれだけの労働力が投じられているのか、あるいは、その商品がどれだけ暮らしの役に立つのかを物差しとして価値が決まるのだ。

このふたつの価値は、ほぼ一致する。消費者にとって使い道のない商品を、企業が手間

ヒマかけて作ることはないからだ。

ところが、現実の世界では、しばしば商品価格が労働価値や使用価値を大きく超えて値上がりする。本質的な価値がなくても、欲しい人がいれば、いくらでも値段は上がっていく。「投機」が行なわれるからだ。その投機が膨らんだものが「バブル」である。

とくに金融商品は、取引の多くが投機で成り立っている。

たとえば、**為替市場では取引の99％以上が投機だし株式市場もほぼ同様**だ。そうした環境下では、しばしば株式の時価総額が右肩上がりで増えていく。だが、それは株式の価値が上がったからではなく、バブルが起きているからなのだ。

経済学者の岩井克人《いわいかつひと》東大名誉教授は、「資本主義は投機を活用する経済システムだ」と喝破《かっぱ》した。バブルの発生とその崩壊は、資本主義の宿命と言ってよい。

1630年代のオランダで、人類初のバブルが発生した。チューリップの栽培ブームが起きるなかで、球根1個の値段が数千万円と、現在の郊外の一戸建て住宅と同じ価格にまで高騰《こうとう》したのだ。それ以降、**人類は規模の大きなものだけでも70回ものバブルを経験**してきている。

バブルの対象となるものはさまざまだが、これまで起きたなかで最大のバブルは、19

20年代のアメリカで発生したものだ。

当時、アメリカの自動車と家電産業は世界最強の競争力を誇っていた。フォードやゼネラルモーターズの自動車、ゼネラルエレクトリックの冷蔵庫、ゼニス社のラジオ等は圧倒的な高品質を誇り、世界中の憧れだった。1920年代は、日本のタクシーもアメ車だったのだ。

アメリカの家電や自動車企業の株価は、どんどん上がっていった。だが、いくらアメリカの家電や自動車産業が優秀でも、実力をはるかに超える株価は維持できない。

1929年10月24日、ゼネラルモーターズ株に大量の売り注文が入ったことをきっかけに、ニューヨークダウは暴落に転じ、最終的に90%の値下がりとなった。

最も安全な投資先は「日本円」と「田舎の不動産」である

その後も世界はバブルの発生と崩壊を繰り返してきた。だが、いま発生しているバブルは、いかにもスジが悪い。

最初はGAFAM《ガーファム》（グーグル、アマゾン、フェイスブック、アップル、マイクロソフト）を中心としたドットコム・バブルだった。それが行き詰まると、電気自動車（EV）がバブルの中心となった。だが、EVが社会に普及し始めると、充電が不便で、高コストで、何より環境対策にならないことが明らかになり、EV転換は幻となった。

そこで今度は、人工知能（AI）を活用した自動運転がバブルの中心になり、そこからAIにとって欠かせない半導体がバブルのけん引役となっている。さらに最近では、バブルの中心が宇宙開発に移りつつある。

ところが、インターネットはすでに1960年代に開発されており、EVに関しても、実は終戦直後の日本で複数の自動車メーカーが発売していた。

AIも、日本の家電メーカーは「インテリジェント家電」「スマート家電」といった名称で、1980年代には製品化していたし、半導体に至っては1960年代初頭、家電のトランジスタ（半導体素子）化が進められていたのだ。

アポロ11号が月面着陸に成功したのは、1969年のこと。つまり、**いまバブルの対象となっているものはすべて50年以上前の技術**なのだ。それを、いかにも新しいように偽装したものが、現在のバブルを支えている。

そもそも、アメリカの半導体メーカーであるエヌビディア1社の株式時価総額（202

5年1月6日：587兆円）が、日本のGDP（2023年：591兆円）と肩を並べるのは、とてつもない過大評価である。宇宙開発も妄想に近い。月に行かなくても、はるかに暮らしやすい土地が、地球上にはいくらでもある。

つまり、**現在のバブルは、とてつもない大きさに成長する一方で、すでに末期症状を呈しており、その大崩壊は間近に迫っている**のだ。

そうしたなかで、投資はどうなるのか。

経済理論では、株価は将来受け取る配当金の現在価値を合計したものとなっている。しかし、完全競争（どの企業も商品などの価格に影響を及ぼせない自由な競争の極限状態）の下では、企業の利益はゼロになるから配当金もゼロになる。つまり、株式は本来無価値なのだ。

だから、バブルが完全崩壊したとき、株式の価値は限りなくゼロに近づく。

今回の人類史上最大のバブル崩壊は、「グレートリセット」をもたらすとも言われている。グレートリセットが、これまでのグローバル資本主義に引導《いんどう》を渡すことになれば、もはやバブルは発生しなくなるから、株価が戻ることは永久にないかもしれない。

だからこそ、**投資をするのであれば全損になっても生活に影響しない範囲でやる**ことだ。老後資金など、将来使うあてのあるカネを投資に回してはならない。

投資は本質的にギャンブルだという事実を理解できれば、老後資金を投資でまかなおうとすることが、いかに暴挙、愚挙であるかがわかるはずだ。老後資金を競馬や競艇で運用しようとする人がほとんどいないことからも、そのことは理解できるはずだ。

私はいま、**「最も安全かつ有利な投資対象は何ですか?」と聞かれたら、迷うことなく「日本円のキャッシュ」、あるいは「山と畑と家のついた田舎の不動産」と答えている。**

いずれにしても、投資をすれば放っておいてもお金が増えていくという幻想は、もう捨てるべきだ。そして、高齢期を迎えようとしている中高年だけでなく、若者も投資に関する意識を転換すべきだ。

投資で生活資金を増やそうなどとは間違っても考えず、まじめに働くことに専念する。それが、安定した人生を豊かに生きるコツなのだ。

モリタク教授のここがポイント

- 投資の本質はギャンブルでしかない
- エヌビディア1社の時価総額と日本のGDPが同じであるわけがない
- 間違っても、投資で生活資金を増やそうとしてはいけない

☑ 投資は、全損しても生活に影響のない範囲で行なうこと

☑ 最も安全かつ有利な投資は、「日本円のキャッシュ」と「田舎の不動産」

Message

04

「教養」のレベルが上がれば上がるほど、ムダな出費は自然と減る

エンターテインメントは、どこにでも転がっている。ただ、それを楽しむ教養のない人は、お金でエンターテインメントを買うしかない。

東京ディズニーリゾートが楽しいのにはワケがある

東京は誰をも魅了する刺激にあふれた街だ。世界中の美食を集めたレストラン、さまざまな劇団がしのぎを削る小劇場、一流のブランドショップなど、田舎では絶対に経験できないスポットがぎっしりと詰まっている。

私のゼミには、毎年数人、東京ディズニーリゾートに夢中になる学生がいる。なかには、好きが高じてキャストになる学生も少なくない。

彼らの話を聞くと、本当に楽しいと言う。私も、それは当然だと思う。楽しくなるように作られているからだ。

一流レストランの料理がおいしいのも、一流の舞台を見るとワクワクするのも、すべてそうなるように綿密な計算があり、努力が積み重ねられているからである。

ただし、そうしたエンターテインメントを楽しむためには当然「カネ」が必要だ。だから**東京はカネのある人には天国だが、カネのない人には地獄**だ。

一方、大都市以外には、お金のかからないエンターテインメントがいくらでもある。たとえば、草原に寝っ転がって空を眺めていれば、さまざまな雲が流れてくる。小鳥のさえずりが聞こえてくる。近所を少し歩くだけで、さまざまな植物が芽を出し、花を咲かせている。

ただし、それらを楽しめるかどうかは、その人の持つ教養レベルに大きく依存する。雲の名前、鳥の名前、虫の名前、植物の名前を知っているかどうか。どこにきれいな湧き水があるのか。どこで魚釣りができるのか。どこに秘湯があるのか……。それを知らなければ、田舎は楽しくない。

逆に言えば、**教養レベルを上げれば、エンターテインメントを楽しむために、わざわざムリをして働く必要はなくなる**ということだ。

日本で一番面積の小さい村は、富山県の舟橋村《ふなはし》というところで、面積は3・47㎢だという。その広さは、東京都千代田区の3分の1にも満たない。村内には、工場がひとつあるだけで産業の大部分は農業だ。

ところが、そんな小さな村に異変が起きている。人口が急増しているのだ。1985年の村の人口は1419人だったが、2025年には3313人と2倍以上に増加している。

一体なぜ、そんな奇跡が起きたのか。

エンターテインメントも「自給」できる

舟橋村は、富山市に隣接している。そして、富山地方鉄道本線の電鉄富山駅と越中《えっちゅう》舟橋駅は5駅、15分ほどで結ばれている、とても立地のよい村なのだ。つまり舟橋村は、富山市のベッドタウンとして、人口を急増させているのである。

しかし、単に立地がよいという理由だけで人口が増えたのではない。舟橋村は、文化振興を最優先した政策を実行しているのだ。

たとえば、越中舟橋駅には駅舎と併設する形で図書館が建設された。県からは「分不相応の立派な図書館」として、厳しい意見を言われたそうだが、それを押し切ってのことだ。

そのおかげで、**住民1人当たりの貸出冊数は年間26・2冊と日本一**を誇っている。

また、舟橋会館というコミュニティセンターには、270人収容の大きなホールが併設されている。舟橋村民の10人に1人が訪れないと満席にならない「過剰設備」だ。ところが、住民の学習意識が高いため、満席になるのだという。

実は、私も講演会で呼ばれて行ったことがある。当日、2019年11月3日は三連休の中日《なかび》であったにもかかわらず、ホールは立ち見が出るほどの満席だった。

このように文化・教養のレベルを上げていく政策をとっていけば、住民は集まってくる。

そして、そうした村の文化振興策のなかで、私が一番心を打たれたのが、農業の遊休地対策だった。

舟橋村もご多分に漏《も》れず、高齢化で農業を廃業する住民が増えている。そこで、村が耕作放棄地を借り上げ、細かく区分けして、サラリーマンの世帯に貸し出しているという。しかも、農作物の栽培方法を、プロの農家から教えてもらえる仕組みにしているそうだ。

富山市という都市で基本的な生活費を稼ぎ、ときに、さまざまな文化的な刺激を受けて、短時間で田園風景の広がる豊かな自然に囲まれた自宅に帰る。

そして、晴れた日には畑に出て耕作に勤《いそ》しみ、雨が降れば図書館で本を読む。まさに「晴耕雨読」の生活である。

講演後に住民の人たちと少し話をした際、驚いたことに、皆が経済学者レベルの話を普通にしていた。

「なぜ、そんなに経済に詳しいんですか？」という私の問いに、「だって図書館でたくさん本を読んでいるからね」という答えが返ってきた。

舟橋村には、現役時代、定年後を問わず、ずっと住み続けられる豊かな生活環境と、自然と教養が身についていく文化的環境というふたつの特徴がある。それが人口の急増をもたらした最大の要因ではないだろうか。

大都市でカネを稼ぐことに追われる生活から逃れる術《すべ》は、自分で農業をして食料の自給をすることと、太陽光パネルで電気を自給することがコスト面ではメインになる。そして、**もうひとつ重要なのはエンターテインメントを自給すること**ではないだろうか。

私の同級生は60代後半を迎えて、軒並み年金生活に入っている。

なかでも、豊かな老後を過ごしているな、と私が感じるのは、若いころにやっていたギターやドラムを再び取り出し、仲間とバンドを組んで音楽活動をしていたり、一眼レフのカメラを持ってあちこち撮影に出かけたり、俳句の会に所属して俳人になったり、オリジナルの紙芝居を作って児童施設などで披露したりしている人たちだ。

彼らのエンターテインメントには、ほとんどお金がかかっていない。それでも、大都市で提供されているお金のかかる出来合いのエンターテインメントと同じか、もしかしたら、それを超えるくらいの刺激を受けて活動をしている。それもこれも、自ら楽しむための教養を身につけていればこそだ。

教養というと、何かむずかしいことを想像されるかもしれない。だが、好きなことをやっていけば、自動的に教養は積み重なっていく。

そうして、**教養を身につけること自体が一種のエンターテインメントになる**のだ。

モリタク教授の
ここがポイント

- エンターテインメントにお金がかかるにはワケがある
- 教養レベルを上げれば、ムリして働く必要がなくなる
- 日本一人口が少ない村にこそ、正しいお金の使い方のヒントがある
- エンターテインメントを誰かに頼らず「自給」することも可能だ
- 教養を身につけること自体がエンターテインメントになる

お金に追われない老後生活を送るには…

Chapter 1 お金に関するモリタク流「常識」と「非常識」

Message

05

ブランド信仰を卒業し、自分独自の「目利き力」を鍛える

ブランドを信仰するのではなく、目利《めき》きの能力を高めよう。それが、あなたの暮らしの質を高めることになる。

すき焼きの名店に行ったら、すき焼きではなく「牛丼」を頼め

「節約のために安いものを買うより、値段が張ってもブランド物を買って、それを長く使うのが賢い暮らし方だ」

このように語る人が多い。しかし私は、それはブランド信仰者の「言い訳」で、間違っていると思う。

たしかに、格安のTシャツは洗濯をすると、襟《えり》が伸びてしまうことがよくある。一方、ブランド物はしっかりしている。よい素材を使って、ていねいに縫製《ほうせい》されているからだ。

だが、**ブランド物の服につけられている価格の90%以上は、素材のよさを反映したものではなく、実は「ブランド」そのものの価値**だ。その証拠に、流行を過ぎたブランド物の服を古着屋に売りにいくと、安物の服と同じ「キロ10円」といった値段になってしまう。

同様に、フリマアプリを使えば、ブランド物のユーズド服が数百円で買える。もちろん

高品質の製品だ。私が尊敬する〝生活者〟は、そうした服を二束三文《にそくさんもん》で買うことで節約ができる人だ。

服以外でも、以前、銀座のすき焼きの名店の経営者に聞いた話では、店に来た客が「牛丼」を注文すると、「こいつはできるな」と思うそうだ。**すき焼きのコースと牛丼は、中身がほぼ一緒であるにもかかわらず値段が3倍以上違う**からだ。

そうした行動をとるためには、よいものを見抜く「目利き」の能力が必要になる。しかも、そうした目利き力は節約を可能にするだけでなく、ビジネスにも直結する。

10年ほど前までは、ネットオークションやフリマアプリを使った「背取《せど》り」が可能だった。とてつもない安値で出品された商品の価値を見抜いて仕入れ、それに解説と適正価格をつけて再出品するだけで、利益を得ることができたのだ。

こうしたビジネスに手を出す人が増えたので、最近では利ザヤを稼ぐことがむずかしくなっている。

しかし、目利きを仕事にすることは、リアルの世界ではまだまだ可能だと思う。たとえば書籍だ。

いま、古書店で買い取ってもらえる書籍は、発売されたばかりの人気作品だけだ。少しでも古くなると値段が暴落し、マニアックな専門書籍になると、そもそも買い取りが拒否されてしまう。店頭に置いても、いつ買い手が現れるかわからず、保管費用だけがかさんでしまうからだ。

ただし、それは都会に限った事情だ。いま田舎に行けば、空き家だらけで、家賃は限りなくゼロに近い。そこに仕入れた書籍を片っ端から並べていくのだ。

専門書はニーズは少ないが、いったん買い手が見つかれば、定価に近い価格、あるいはそれを超える値段で売れる。いまも断捨離ブームは続いているから、書籍の仕入れは、限りなくタダに近い対価で可能だ。

さらに、古書を店頭に並べて販売するだけでなく、時間ができたときに、「これは高値で売れる」と判断したものを、ネットサイトで売りに出してもいい。

こうした仕事をすれば、生活拠点を田舎に移すことが可能になるので、生活コストも大幅に引き下げられる。大都市で「ブルシット・ジョブ」（詳細はメッセージ「**06**」を参照）に縛られるより、はるかに人間的だ。

ポケットティッシュも「カネの成る木」になる

実は、こうしたビジネスは書籍以外の分野でも十分可能だ。コロナ期、私が運営する私設博物館「B宝館《ビーほうかん》」（詳細はメッセージ「23」を参照）に、「コレクションを引き取ってほしい」という依頼が殺到した。

B宝館は、古物商の許可を取っていて、売店で中古のおもちゃも販売している。だが、それは来館者へのサービスとして行なっているもので、ビジネスとしてやっているわけではない。だから引き取りは、B宝館に展示のないものを寄贈してもらえる場合に限っている。原則として買い取りはしていない。

また、B宝館の展示対象ではない紙製のグッズは、そもそも引き取っていない。それでも、コロナ禍の期間だけで、段ボール300箱分は引き取った。断捨離を進めるなかで、どうしても思い入れのあるコレクションを捨てられず、その「終《つい》の棲家《すみか》」を求めた人が多かったのだ。

こうしたことを考えれば、種類や数量を限定せずに、少々の対価を支払えば、はるかに多くのおもちゃを集めることは十分可能だ。そうした仕入れができれば、あとは古本販売と同じビジネスモデルを展開することが可能になる。

さらに、ある程度のストックができたら、貸出ビジネスも可能になる。実は、**B宝館の最大の収入源は入場料収入ではなくコレクションの貸出料**だ。

たとえば、いま最もニーズが大きいB宝館の収蔵品は、日本初の携帯電話「ショルダーフォン」である。

このショルダーフォンは、現在そう簡単に借りられない状況だという。どこかのイベント会社が、展示用にNTTドコモから借り受けた際に壊してしまったので、それ以来、誰も借りられなくなってしまったそうだ。

ほかにも、日本初のウォークマンやデジタルカメラ、ポケベルなどもB宝館に引き合いがある。最近では、「80年代、90年代の青春グラフィティ」という百貨店のイベント用に、大量のラジカセを貸し出した。

意外なところでは、消費者金融会社が路上で配布したポケットティッシュのコレクションも貸し出したことがある。イベント担当者によると、ずいぶん探し回ったが、大量のコレクションを保有していたのはB宝館だけだったそうだ。

どんなものにアート性が潜んでいるのかを見抜く目が重要だというのは、昔から変わっていない。

たとえば、浮世絵は大衆向けの絵画で美術品としての価値はなかった。だから、日本の陶磁器をヨーロッパに輸出する際の梱包材として使用されていた。

そして、受け取った荷物を開梱《かいこん》したヨーロッパの人が、その美術性に気づいたことで、浮世絵のいまの地位が確立されたのだ。

また、「根付《ねつけ》」をご存じだろうか。和装の際、巾着《きんちゃく》や印籠箱《いんろうばこ》などの紐《ひも》に取りつけ、帯の下から上へ挟み込むためのストラップ・マスコットのようなものだ。

これも数十年前までは、ほとんど美術性を認められていなかった。だから骨董市《こっとういち》で、二束三文で買うことができたが、いまや高いものだと数千万円の評価がついている。

何がアートで、何がゴミかを判断するのは、その人の感性にかかっている。**目利きを可能にする感性を持つには、少なくともその分野のことが好きだということが最低限の条件**だと私は思う。好きで好きでたまらず、しっかり見てきたからこそ、そのモノが持つ美しさを感じ取ることができるのだ。

私の場合は、ミニカーやグリコのおもちゃの目利きは誰にも負けないと思っている。価値の高さだけでなく、本物かニセモノかの判断も一瞥《いちべつ》でできる。

私は、農業もアートだと考えている。だが、周りを見ていると、残念ながら後期高齢者になると体力的に継続が難しくなる。

その点、目利きの能力を生かしたビジネスであれば、もう少し長い期間継続することが可能になる。**人生における職業の選択肢のひとつとして、目利きの力を使うビジネスも考えておく価値がある**だろう。

モリタク教授の ここがポイント

- **「ブランド物は長持ちする」というのはブランド信仰者の言い訳にすぎない**
- **ブランド物の価格の9割以上は品質ではなくブランドそのものの価値である**
- **高級すき焼き店では牛丼を注文せよ**
- **好きなものを追求すると目利きの能力も上がっていく**
- **目利きの力はビジネスにも結びつく**

Message 06

「ブルシット・ジョブ」とは、いますぐ縁を切る

人生最大の損失は、「ブルシット・ジョブ」に勤しむことだ。決して、コンピュータの奴隷になってはいけない。

ブルシット・ジョブはカネも時間も体力も奪い取る

前のメッセージ「**05**」でも登場した「ブルシット・ジョブ」という言葉は、直訳すると「クソどうでもいい仕事」という意味だ。

いま、このブルシット・ジョブが急激に拡大している。中心となるのは非正社員だ。

私が社会に出た1980年代前半は、非正社員の比率は6人に1人にも満たなかった。それがいまや4割に迫っている。

非正社員の仕事の多くはマニュアル労働だ。創意工夫や自己表現の余地がなく、決められた通りに作業をする。個性を持つ〝労働者〟ではなく、均質が求められる〝労働力〟だ。

19世紀の産業革命のころから、労働者が機械の歯車のような労働力に変わっていく事態は存在していた。チャップリンは映画『モダン・タイムス』で、痛烈にそうした資本主義の仕組みを批判している。

ところが、**最近は単なる労働力化だけでなく、コンピュータという「上司」の指示に従って働く、より「非人間的」な労働が急増**している。

たとえば、「ギグワーク」（単発・短時間の仕事）と呼ばれるデリバリーサービスだ。スマホに表示された飲食店で料理を受け取り、スマホに表示された家に届ける。途中の行程もすべてGPSで管理され、位置情報が発注者に届けられる。雨の日も、風の日も、単にその作業を繰り返すだけだ。

ネット通販の物流拠点で働く、ピックアップ担当も似たような仕事だ。ネット通販で注文が入ると、担当が持つ「ハンディターミナル」という携帯端末に「○列目の△番目の×段目の棚にこの商品があるので、それをピックアップして、出荷の窓口まで運べ」という指示が送られる。

それと同時に、最も効率的に移動した場合の所要時間をコンピュータが計算して、その秒数をターミナルに表示する。

所要時間に間に合わなかった回数は自動的に積算され、帰り際にスーパーバイザーから遅れを叱責《しっせき》されるのだ。

創意工夫のない仕事は何の喜びもないから、とても疲れる。部屋に帰って泥のように眠

り、翌日また同じ仕事を繰り返す。何のために生まれてきたのかわからない人生だ。

実は、**ブルシット・ジョブは非正社員だけでなく正社員にまで広がっている。一般的に正社員のほうが労働時間が長いので、ブルシット・ジョブの被害はより深刻**になる。

会社でボロボロになるまでマニュアル労働を繰り返すので、住む場所は職場に近い都心部に限られる。買い物に行く時間と体力まで奪われているので、価格の高いコンビニを使うしかなくなる。そして、体力の落ちた肉体に活を入れるため、毎日、栄養ドリンクを飲んで、その場限りの気力を補充する。

これらの消費は、いずれも高コストなので、非正社員より恵まれている給料も、あらかた使い果たしてしまう。

数年前に、東京・四谷の新築アパートの入居者募集のチラシを見たら、家賃が7万8000円だった。「そこそこ良心的な家賃だな」と思い、詳しく見たところ、間取りは3畳一間だったのだ。

ブルシット・ジョブに勤しむ若者は、それでも構わないと思うのだろう。自分のアパートには寝に帰るだけだからだ。

実は月収2万円でも食べていける

日本の労働環境を一変させた中心的な政策変更は、2000年代に小泉純一郎《こいずみじゅんいちろう》政権下で行なわれた「小泉構造改革」だった。**製造業への派遣労働を解禁するなど、積極的な非正社員増加策を講じた。**

そのうえで、それまで雇用調整助成金を活用し、企業に補助金を出すことでリストラを防いできた雇用政策を「円滑な労働移動」政策に切り替えて、労働者を守ることをやめたのだ。

不良債権処理の断行を宣言する際に小泉総理は、「失業や倒産を恐れず、不良債権処理を断行する」と断言した。**本来、雇用を守ることは政府の最大の責任であるにもかかわらず、それを放棄し、現代のブルシット・ジョブ全盛の基盤を作った**のだ。

小泉構造改革によって所得格差が拡大したことは、よく知られている。

しかし、同時に拡大したのは「仕事の喜びの格差」だった。所得も、仕事の自由度も、一部の富裕層が独占する社会が、いまの世の中なのだ。

ただし、**所得格差の底辺から抜け出すよりも、仕事の喜びの底辺から抜け出すことのほうが容易かもしれない。高コストの都心暮らしを捨て生活コストを大幅に削減すれば、カネを稼ぎ続けなければならないという呪縛《じゅばく》から解放されるからだ。**

具体的な手法については、あとのメッセージ「**08**」で説明するが、都心部から数十km離れた場所に移れば、生活コストを劇的に減らすことは可能だ。

数年前、ニッポン放送のラジオ番組に、小屋暮らしをしている「まさやくん」が出演してくれた。

彼は営業の仕事で精神的に追い詰められ、もうダメだと感じて、千葉の山林80坪を1坪1万円で買った。そこに小屋を建てて暮らそうと考えたのだ。

スタジオから彼に電話をつないだときには、まだ小屋を建てておらず、テント暮らしをしていた。ただ、カーポートを先に作っていたので、その屋根に降った雨の水をためて生活用水にしているという。飲料水は、食品スーパーの給水サービスで無料の水を入手していた。

私が新鮮に感じたのは、テント暮らしでも住民登録ができるということだ。郵便も届くし何の支障もないと言っていた。

彼はブログで記事を書くなどして収入を得ているのだが、パソコンを使うには電源が必要になる。そのためにポータブルの太陽光パネルを設置している。それで十分、パソコンは使用できるという。

毎月の生活費を聞いてみると、**「2万円あれば十分に食べていける」**とのことだった。彼は農業もしていない。食品スーパーで安い食材を買って生活している。

車は持っていないが原付バイクがある。それでも、毎月2万円あれば生活ができるし、何のストレスもないと言うのだ。


最近、大分に移住した友人からメールをもらった。

実は彼女も、現在の収入は月2万円程度だという。つまり**極論すれば、月収2万円で生きていくことは可能だし、それだけでブルシット・ジョブとは縁もゆかりもない生活を実現できる**のである。

ただ、いくら私がそうした話をしても、大都市の暮らしを捨てられる人は非常に少ないのが現実だ。大都市を捨てると、ありとあらゆる生活環境が一変してしまうからだろう。

それでも、自分自身の暮らしを振り返ってみて、ブルシット・ジョブのワナにはまっていると感じる人は、ぜひ人生の選択肢として、大都市を捨てる暮らしを考えてほしい。それが、人間らしい暮らしを取り戻す、最も手っ取り早い方法だからだ。

田舎がむずかしかったら、もう少し都会に近い「トカイナカ」（詳細はメッセージ「08」を参照）から始めればよい。ちなみに私は40年も前に大都市から脱出したが、それほど大きなショックはなかった。案ずるより産むが易《やす》しなのだ。

モリタク教授のここがポイント

- 人生最大の損失はブルシット・ジョブをひたすら続けること
- 所得格差のみならず「仕事の喜びの格差」が広がってしまったのが問題
- 正社員のほうがブルシット・ジョブの被害が大きくなる
- 仕事が疲れるのは創意工夫がない作業を長時間やらされているからだ
- テント暮らしでも田舎暮らしでも、月2万円で生活することは可能だ
- 大都市からの脱出は案ずるより産むが易しである

Message

07

「年金だけでは老後資金は足りない」は、人生を縛る大きな勘違いである

人生を縛る大きな勘違いのひとつが、「年金だけでは足りない老後資金を、いかに確保するのか」というものだ。年金だけで暮らせる生活を実現すれば、お金の呪縛からも解放される。

メディアや政府が煽る「老後不安」が悲劇を生む

内閣府が2024年8月に発表した『経済財政白書』によれば、日本人の金融資産のピークは60～64歳で平均1838万円。その後、徐々に減っていくものの、85歳を過ぎても平均で1500万円を超える金融資産を持っている。

つまり、**日本人は老後不安から過剰な資金を貯め込んだ末に、老後も節約と労働を続け、せっかく貯めた老後資金にはほとんど手をつけずに死んでいく**ということだ。

なぜ、こんなおかしなことが起きているのか。それは、メディアや政府が「公的年金不安」を煽《あお》り、「老後生活を守るためには、多くの資金が必要だ」と言い続けているからだ。

「老後不安」は、「悠々自適《ゆうゆうじてき》」という老後の選択肢を奪い、さらに、遺されたお金は「争《そう》族《ぞく》」の原因にもなっている。それでもなお、**老後資産の拡充のためと言って、「貯蓄から**

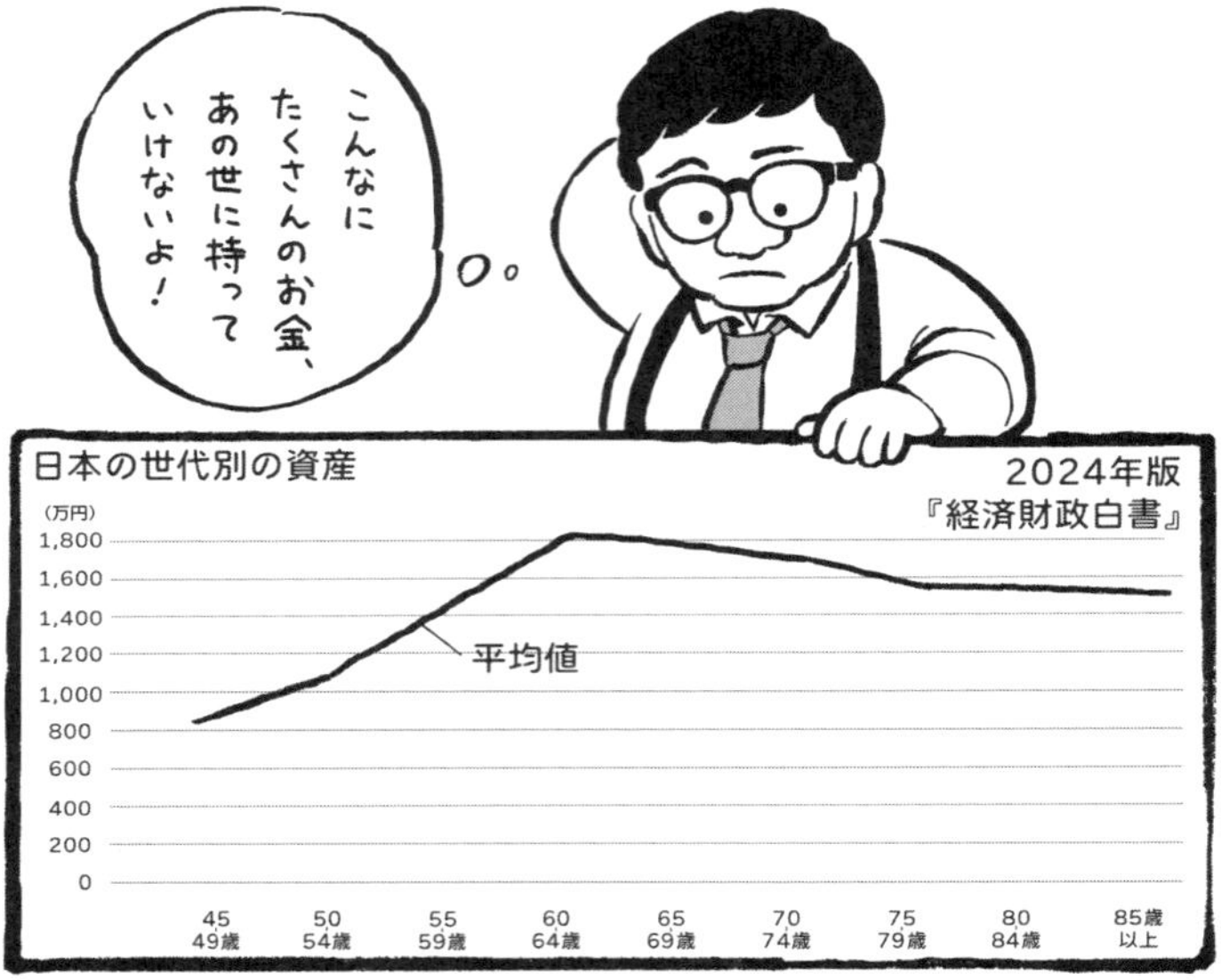

投資へ」の掛け声のもと、国民全体を「投資依存症」に陥れている。

いまの資産価格（株価、地価など）は、人類史上最大のバブルになっており、そのバブルは早晩はじける。そうなると、必死に貯めてきた老後資金も溶けてなくなってしまう。

　そうした悲劇から逃れる最大の手段は、年金の範囲内で暮らせる生活を実現することだ。それは、大都市での暮らしを捨てるだけで意外と簡単に実現できる。私自身も、それが可能であることを〝1人社会実験〟で確かめた。

　農作物を自ら作り、電気も太陽光パネルで自給すれば、生活コストは大幅に下がる。3人家族で月額10万円もかからない。さらに節約を徹底すれば、極端な場合、1人月2万円もあれば生きていけるというのが、これまでの体験者の証言だ。

田舎に移り住めば、家賃は1万円もあれば十分だし、タダで家をくれる自治体もある。政府も移住促進策をとっていて、移住する地域や家族構成は限定されるものの、補助金を受け取ることもできる。

移住できるかどうかは、ひとえに大都市を捨てられるかどうかにかかっているのだ。もちろん、**田舎に行けば行くほど人間関係が濃くなり、コミュニティに参加するハードルが上がるから、行くなら若いほどよい。**

〝死語〟と化した「悠々自適」を実現する生き方もある

ただ、大都市と田舎のあいだには、広大な「トカイナカ」が広がっているから、そこへの移住を考えるなら、中高年期を迎えてからでも十分可能だ。

老後のお金不安を払拭《ふっしょく》すれば、いまや〝死語〟に近づいている「悠々自適の老後生活」が待っている。たっぷりある時間を、自分がやりたいことに好きなだけ費やすことができるようになる。

私の同級生でも、大都市を捨てて、悠々自適の暮らしを実現している人が、2~3割はいる。彼らは、老後資金で貯めてきたお金を自分の好きなことに使い果たす。老後不安がないのだから当然の行動だ。

海外旅行に出かけたり、子どものころからの夢だった「秘密基地」を作ったりするのだ。そして、豊かな自然のなかで、お金のかかる出来合いのエンターテインメントではなく、自らの教養に立脚したエンターテインメントを堪能《たんのう》する。

そんなに、むずかしいことではない。たとえば、図書館に出かけて古今東西の書籍を読み倒すだけでも、十分なエンターテインメントになる。私の父は亡くなる直前まで、使うあてのないイタリア語の講座をラジオで聞いていた。

カメラマンになっても、歌を歌っても、踊っても、何でもよい。定年後もブルシット・ジョブを続けることを考えたら、天国のような老後と言えるだろう。

人間の想像力というのは、意外と貧困だ。だから、ついつい現状をベースに将来を考えてしまう。そして、現在の生活を守るためのお金の確保に邁進《まいしん》してしまうのだ。

いまこそ、発想を抜本的に転換しよう。何のために、現世に命を授かったのか。やりたいこと、やるべきことは人によって異なるかもしれない。**ただひとつ明らかなことは、誰もブルシット・ジョブを死ぬまで続けるために生まれてきたのではないということ**なのだ。

モリタク教授の ここがポイント

- ☑ **「老後不安」は政府やメディアの作りごと**
- ☑ **大都市での暮らしを捨てると、年金の範囲内で暮らせる**
- ☑ **老後のお金の不安を払拭すれば、悠々自適の老後生活が待っている**
- ☑ **老後資金で貯めたお金は、好きなことに使い果たそう**

Message

08

できるだけ早いうちに、「トカイナカ」暮らしを考えてみる

多くの人にとって田舎と都会の中間「トカイナカ」での生活は、人間らしい暮らしを取り戻す舞台になり得る。私の40年間の経験から導き出した結論だ。

物価も人間関係も何もかも〝ほどほど〟がいい

「現役を引退したら、大自然のなかで田舎暮らしをしたい」と言う人がたくさんいる。かく言う私も、かつては沖縄の自然のなかで暮らしたいと思っていた。

しかし、**田舎は人間関係が濃密で、しきたりも厳しいので、都会育ちの人が地域に溶け込むのは相当むずかしい**というのが実態だ。

実際、私の知人で田舎暮らしに挑戦し、移住した人が何人もいるが、半分くらいの人が都会に戻っている。最大の理由は、田舎の人間関係になじめなかったことだ。

そこで、**私が都会育ちの人たちにお勧めしているのが、都会と田舎の中間「トカイナカ」での暮らし**だ。大都市中心部から、数十～100㎞程度離れれば、豊かな自然を楽しむことができる。鳥のさえずり、きれいな空気、おいしい水。少し郊外に行くだけで、自然環境は大きく変わるのだ。

トカイナカのもうひとつのメリットは、物価がとても安いということだ。

都心は家賃や人件費が高いので当然、物価が高くなる。また、田舎の場合も人口が少なく、商店の売上規模が小さいため、やはり物価が高くなりがちになるのだ。

その点、**ロードサイドの大規模店が建ち並び、価格競争が激しいトカイナカの物価が、実は一番安い。**

しかも、都会から数十kmの距離であれば、いつでも都心に出かけることができる。田舎と都会のいいとこ取りになるのだ。

通勤は少し大変になるが、定年になれば、そのつらさからも解放される。そして何より、地域の人間関係が田舎ほど濃密ではない。だから、人間関係で失敗する心配がほとんどないのだ。

私は、埼玉県所沢市の西部、入間《いるま》市に近いところに、もう40年も住んでいる。最寄り駅から東京駅までは、乗車時間だけで約1時間、家を出てから都心の用務先までは少なくとも90分以上かかる。

ただ、都心からそれくらい離れると、自然も豊かで物価も安くなる。**人付き合いも田舎ほど濃密ではなく、大都市ほど疎遠ではない。何もかもが〝ほどほど〟**なのだ。

生活するうえで最大のメリットは住宅価格が安いことだ。**私の家は駅から少し離れているので、地価は坪当たり50万円ほどである。都心と比べたら10分の1の値段**だ。当然、都心に住むより、ずっとゆったりとした間取りの住宅を確保できる。

さらに私は最近、ふたつの地域を見て、トカイナカの範囲をもう少し遠くまで広げてよいのではないかと思うようになった。

関心を持った街のひとつが、埼玉県のときがわ町《まち》だ。秩父《ちちぶ》の入り口に位置し、人口は1万人あまり。温泉もあり、町内を清流の都幾川《ときがわ》が流れており、最近ではキャンプ客に人気を博している。

ときがわ町を訪れたのは2022年7月、ノンフィクション作家の神山典士《こうやまのりお》さんが『トカイナカに生きる』（文春新書）を上梓《じょうし》され、その出版記念イベントに呼ばれたからだ。

神山氏は、ときがわ町の古民家を改装した「トカイナカハウス」を運営し、自身も東京と、ときがわ町の2拠点生活をしている。町内唯一の鉄道駅である明覚《みょうかく》駅から東京駅までの乗車時間は、日中だと約90分、片道運賃は1150円だ。

私は40年間、東京へ通勤してきて、いま住んでいる所沢西部が通勤の限界だろうと考えてきた。だが、ときがわ町から毎日東京に出かけることは厳しくても、週に1~2回なら十分可能だと思うに至った。

そして、**私が一番驚いたのはときがわ町の地価だ。坪当たり5万円と、都心の10分の1のわが家の地価と比べてさらに10分の1**なのだ。この地価だと、100坪の土地を買っても500万円で済む。

土地が100坪あれば高い自由度で家を建てられるし、太陽光パネルも屋根につけられる。南側に十分な家庭菜園の敷地も取れるので、エネルギーと食料のかなりの部分を自給できるのだ。

私は自宅から徒歩数分のところに畑を借りているので、頻繁《ひんぱん》に通うことができるものの、給水設備がないので、家からポリタンクに入れた水を運んでいる。畑が自宅の敷地内ならホースを使って散水できるので、農作業もとてもラクになる。

若ければ若いほど移住先の選択肢が増える

私が関心を持ったもうひとつの街は、ニッポン放送の番組に出演した地域おこし協力隊の方が紹介してくれた千葉県の勝浦市《かつうら》だ。

外房《そとぼう》の御宿《おんじゅく》と鴨川《かもがわ》のあいだに位置しており、人口は1万5000人あまり。透明度の高い海水浴場と大型スーパーもあり、生活に不便はない。

そして、**この街の最大の特長は観測開始以来100年以上、猛暑日がないという涼しさだ**。勝浦沖は、すぐに水深の深い海になっている。そこから海風が吹いてくることが、涼しさを支えているそうだ。

東京駅から勝浦駅までは、特急「わかしお」で90分前後。特急料金も含めて片道運賃が4000円前後かかるのが玉《たま》に瑕《きず》だが、月に数回東京に出かける程度なら負担できない額ではない。

勝浦市の地価は坪10万円程度と、ときがわ町よりは高いが、それでも海の見える家に住めるし、朝市で豊富な海産物を手に入れることもできる。

ここでは、東京圏の話をしているが、中京圏や関西圏であれば、さらに短い移動時間で、同じような環境の街に住むことが可能になる。

高齢期を迎えたら、毎日出勤する必要がなくなるので、環境を優先して「終の棲家」を選ぶことが十分可能になるだろう。

コロナ禍で急速にリモートワークが普及したが、いま、その反動でリアルの出勤を求める企業が増えている。ただ、昔のようにリモート完全禁止ということではなく、必要に応じてリモートワークを併用できる環境に落ち着いてきている。

さらに今後、AIやロボットが普及していくと、製造作業や事務作業はそれらがやることになるから、人間がやる仕事というのは、情報システムやコンテンツの作成などに集中していく。つまり、**居住地を選ばない仕事が今後の主流になっていく**のだ。

だから、いまこそ、どこに住処《すみか》を構えるかを真剣に考える時代がやってきた、と言えるのではないだろうか。

さらに、トカイナカを飛び越えて、思い切って田舎に移住するという方法もある。藤原《ふじわら》綾《あや》さんが『女フリーランス・バツイチ・子なし 42歳からのシングル移住』（集英社）という本を2023年に刊行した。

この本のなかで著者は、鹿児島への移住を断行し、「贅沢《ぜいたく》」な暮らしを手に入れることに成功した体験を綴《つづ》っている。毎日温泉に入れる贅沢、毎日採りたての野菜が食べられる贅沢、水道水をがぶがぶ飲める贅沢、広い家に住める贅沢……。

前述したように、**田舎暮らしは決してラクではない。ただ、都会ではなかなか手に入らない贅沢が味わえる**のも、また事実だ。

藤原さんは、仕事での東京への往復は、さほど大きな負担ではないと言う。ＬＣＣ（格安航空会社）を使えば運賃はそれほど高くないし、東京での仕事は行ったときにまとめてこなせばよいからだ。

若ければ若いほど順応性が高いから、移住先の選択肢は増える。早めに大都市を捨てる生活のシミュレーションをしておくことが重要だと思う。

モリタク教授のここがポイント

- 物価も人間関係も何もかも〝ほどほど〟がトカイナカの魅力
- リモートワークの定着で、今後は居住地を選ばないのが仕事の主流
- 田舎に移住すれば、都会では味わえない贅沢な暮らしが手に入る
- 若いうちに大都会での生活を捨てるシミュレーションをしておく

Message

09

自分で食べるものを
自分で作ることこそ、
最高の贅沢である

自分が食べるものは、できる限り自分の手で作る。味の面、そして安全面からいっても、そこにはメリットしかない。

100㎡の農地があれば家族3人十分食べられる

新型コロナウイルス感染が広がった2020年、厳しい行動制限のなかで、私も多くの仕事がキャンセルになったり、リモートワークに変わったりした。そのため、自由になる時間が大幅に増えた。

一方、群馬県昭和村に毎週のように通い、4年間続けてきた体験農業は、感染拡大予防のため県外からの参加者を受け入れないこととなり、参加できなくなってしまった。

そこで私は、メッセージ「**07**」でも少し触れた〝1人社会実験〟に取り組むことにした。それは、どれくらいの面積の畑があれば、家族3人が食べる分の野菜や果物を自給できるのか、ということだ。何冊も本を読んだのだが、どこにもその答えは書いていなかった。

妻が近所の農家に頼み込んで、とりあえず1アール（100㎡）の耕作放棄地を借りてきてくれた。それを鍬《すき》1本で耕して、土を作ることから私の〝1人農業〟が始まった。

ずっと放置されてきた畑だったので、土が固くなっていて、耕作は困難を極めた。

そんなある日、毎朝、必死に畑を耕す私の姿を見て、畑を貸してくれた農家の長男が耕運機を持ってきてくれた。その結果、土作りの基礎は、あっという間に完了した。

トマト、ミニトマト、ナス、シシトウ、ピーマン、キュウリ、レタス、キャベツ、ネギ、タマネギ、ジャガイモ、サツマイモ、オオバ、スナップエンドウ、トウモロコシ……。

植えつける野菜の種類はどんどん増えていき、20種類を超えた。

調子に乗った私は、スイカやイチゴ、そしてメロンにまで作物を広げていった。人間は欲深いもので、2年目からは面積を倍増して、2アールの畑をやることにした。

そして、**3年間の経験でわかったのは、1アールの農地もあれば家族が食べる分は十分自給できるということ**だった。ビニールハウスがないので、冬場はほとんど収穫がなくなる。それでも、**わが家の食費は半減**したのだ。

農業に挑むことになって、気づいたことがある。それは、農作物の自給がふたつの安全につながるということだ。

ひとつ目の安全は「食の安全」だ。

理由はよくわからないが、自分で作った農作物は大地の味がする。スーパーで買ってくる農作物は、歪《ゆが》みがなく、虫食いもなく、傷もなく、とてもきれいなのだが、味もない。

それが、いかに異常なことなのか。自分でやってみると、とてもよくわかる。そうした味のない農作物が、どのように作られているのかは知らないが、自分で農業をやると除草剤や殺虫剤などの農薬を使う強い誘惑にかられるということが、よくわかったのだ。

もうひとつの安全は「食料安全保障」だ。

２０２４年に起きた野菜の高騰や令和のコメ騒動の影響を、わが家はほとんど受けなかった。野菜は畑にあるし、コメは九州の実家が作ったものを送ってもらっていたからだ。

令和のコメ騒動は平時に起きたが、もし有事とともに起きたら、事態ははるかに深刻になる。**食料が足りなくなったら、農家は自分が食べるものを優先する。買うしか選択肢を持たない大都市の住民は、あっと言う間に飢《う》えてしまう**だろう。

それは妄想ではない。太平洋戦争の戦中や終戦直後に実際に起きた事態だ。

いますぐベランダにプランターを置き、農業を始めよう

自ら農業をすることは、生活費の節減とふたつの安全確保のほかに、もうひとつ重要な

影響を与えてくれる。それは、**農業そのものが〝アート〟**だということだ。

2023年4月1日、当時の川勝《かわかつ》平太《へいた》静岡県知事が県庁職員への訓示のなかで次のように述べた。

「県庁というのはですね、別の言葉で言うと、シンクタンクです。毎日毎日野菜を売ったり、あるいは牛の世話をしたり、あるいはものを作ったりということと違ってですね、基本的に皆様方は頭脳、知性の高い方たちです」

この発言に対して、「職業差別だ」「職業に貴賤《きせん》はない」といった県民からの非難が殺到。川勝知事は発言を撤回するとともに、辞意表明を余儀なくされた。

たしかに、県民の主張はその通りだ。だが、私の受け止め方は少しだけ違っていた。

「川勝知事は農業をやったことがないんだな」

実際に農業をやっていれば、それがいかに知的な仕事かということが自ずとわかる。

大自然が相手だから、思うようにはならない。雨が襲い、風が襲い、病気が襲ってくる。虫や鳥や動物も襲ってくる。それらと闘うために柔軟に作戦を変更し、作物を守っていく。

最初にスイカの栽培を始めた年、収穫直前のスイカが軒並みカラスにやられた。カラスはスイカが熟れる時期を正確に判断していた。そこで私は、スイカ1個ずつにU字型の園芸支柱をクロス掛けにして、そこに網を張り、クリップで止めた。

それ以降、被害は止まったが、翌年、またカラスにやられた。網の下から頭部を突っ込んできて、なかに入られてしまったのだ。それ以降、進化するカラスとの知恵比べは、毎年続いている。

そうした**さまざまな努力を重ねても、予定通り収穫まで結びつけることができる確率は、私の場合、5割程度でしかない。しかし、だからこそ、無事収穫に至ったときの喜びは、何ものにも代えがたいほど大きい**のだ。

繰り返すが、いま大都市で広がっている仕事は、コンピュータの指令の下、マニュアル通りに働く「ブルシット・ジョブ」だ。それらの仕事と農業のどちらがより知的で、どちらがより人間的か。議論の余地がないのではないか。

私は、農業の軽視、あるいは無理解は、大部分の都市住民が農業をやったことがないからだと考えている。

最近は品種改良が進んで、ベランダのプランターで育てられる背丈の低い野菜苗も販売されるようになった。プランターで栽培できるサツマイモの苗も登場している。実際、サツマイモを、わが家の花壇で栽培してみたところ、大きなサツマイモがたくさん採れた。

だから、**いますぐベランダにプランターを置き、農業を始めよう**。それを積み重ねていけば、確実に技術が培われていく。そうして「1億総農民化」が実現すれば、そのことがもたらす安全保障の効果は、とてつもなく大きくなる。

ウクライナがロシアの侵攻に3年にわたり耐えきった最大の要因は、穀物に限れば400％という高い食料自給率を誇っているからだ。

敵基地を攻撃するミサイルを買うよりも、国民一人ひとりが自分の食べ物を自給できるようにする。世界情勢がとても不安定になるなかで、そのほうが、ずっと優先すべき安全保障政策といえるだろう。

モリタク教授の
ここがポイント

- 自分で農業を始めれば食費は半減する
- 自給自足で食の安全も確保できる
- 農業は極めて知的な〝アート〟である
- ベランダのプランター1個から農業は始められる

Chapter 2

仕事に関するモリタク流「常識」と「非常識」

Message

10

ラクで、儲かって、
やりがいがある
完璧な仕事はないが、
好きになれる
仕事は必ずある

お金を稼ぐ手段が働くことに限られている以上、生きていくために仕事は不可欠だ。ただし、**仕事は、その種類によって天国にも地獄にもなる。**

仕事の苦痛と労働時間の長さは関係ない

私は1980年に日本専売公社（現・日本たばこ産業＝ＪＴ）に入社した。最初の仕事は、かつて長野県にあった専売公社の上田工場で行なわれたタバコ製造の実習だった。

葉タバコを熟成樽から取り出し、熱や香料をかけ、裁刻機で刻みにする。刻みタバコとロールペーパー、ライスペーパーでタバコの巻を作り、それを包装してパッケージに入れる。そのパッケージをボール紙の箱（カートン）に入れ、さらに、それをボール箱に詰めて出荷する。

こうした、すべての工程を1週間程度ずつ、実際に作業をしながら体験していくのだ。その実習のなかで一番印象に残っているのが包装工程だった。

当時の上田工場では、「ショートホープ」という10本入りの小さなタバコを作っていた。個装に中身を充塡《じゅうてん》して、セロハンがけをするところまでは、当時から機械で行なっていたが、ボール箱詰めは手作業だった。

ベルトコンベアを流れてくるショートホープを右手に3個、左手に2個取り、手前に置いたボール箱に5個ずつ積んでいく。そして50個積んだところで、ボール箱のふたをして、封緘紙《ふうかんし》で留めるというのが、包装工程の作業者の仕事だった。

私は高校時代から麻雀をやっていたので、積むことは得意中の得意だ。そのため、作業自体は初挑戦だったが、いきなり完璧にできてしまった。

むしろ問題は、その作業にすぐに飽きてしまったことだ。初日のわずか数時間で、その仕事に興味がなくなってしまった。

私は性格的に同じことの繰り返しができない。だから、包装の仕事は、あっという間に苦痛以外の何物でもなくなってしまった。そして、何か別のことがしたいという気持ちが、我慢できなくなってしまったのだ。

そこで、私は思いついた。

ヒマつぶしに、一度ボール箱の上に積んだ5つの箱を、もう一度ベルトコンベアに戻し、ベルトコンベアを流れてくる別の5つの箱とすり替えるという技をやろうと思ったのだ。麻雀でいう「ツバメ返し」というイカサマ技だ。

うまくいったときもあったのだが、タバコの箱は麻雀パイより大きいので、ちょっとでも手が滑ると焦《あせ》って、パニック状態になってしまう。そして、最大のパニックに陥ったとき、ベルトコンベアを流れてくるタバコの箱はボール箱への行き場を失い、終着点の壁に当たって、はじけ飛んだ。

私の背中で班長の声がした。

「森永君、見てたわよ」

勤務終了後、私以外の同期も集められ、連帯責任で説教部屋に入れられた。ただ、その後も私にとって現場での作業は苦役《くえき》そのもので、頭のなかに存在したのは、「早く休憩時間の始まりのベルが鳴らないか」ということだけだった。

その一方で、新卒就職後3年目に出向した日本経済研究センターでの仕事は、私を魅了した。

仕事は経済予測のレポートを作ることだったが、未来のことなんて誰にもわからない。だから、**綿密なデータ分析を積み重ね、きちんとした予測数字を作るのと、ろくに調べもせず締め切り直前で適当な数字を置くのと、予測が当たる精度はほとんど変わらなかった。**

日本経済研究センターでは、さまざまな企業から派遣された若手が集まって、経済の予測作業をしていく。だが、仕事とどう向き合うのか、という姿勢は両極端に分かれた。最初のグループは、所定時間までは会社にいるが、時間がきたらさっさと家に帰る。もう一方のグループは、毎日、終電ギリギリまで会社に残ってずっと作業を続ける。私は後者だった。

なぜ、毎日終電まで残業したのか。それは、純粋に仕事が楽しかったからだ。月間の残業時間は150時間を超えた。その対価が支払われることなど一切なかったが、私には何の不満もなかった。

それどころか本音を言えば、時間が足りないから、毎日午前2時とか3時まで作業を続けたいと思っていた。

日本経済研究センターでの労働時間は、きちんと作業が管理されている上田工場での労働時間と比べると、2倍くらいの長さだったと思う。

しかし、仕事の苦痛は上田工場のほうが圧倒的に大きかった。やりたくもない仕事は、時間の長短に関係なく大きなストレスをもたらすのだ。

どれだけ早く天職を見つけられるかが勝負の分かれ目

どんな仕事が楽しくて、どんな仕事がつらいのかは、人によって大きく異なる。私は、同じことを繰り返すルーティンの仕事がとてつもなく嫌いなのだが、ルーティン仕事のほうが気がラクで苦痛は少ない、という人もたくさんいる。開発の仕事が好きなのか、営業の仕事が好きなのか、経理の仕事が好きなのか、人事の仕事が好きなのかは、人によって大きく異なる。しかも、社会に出て実際に体験しないと、本当に好きな仕事が何なのかを知ることはむずかしい。

私は、たまたま日本経済研究センターに出向させてもらったおかげで、調査研究の仕事が大好きなのだということを初めて知った。日本経済研究センターで毎日終電まで残って一緒に作業した同僚たちは、皆、同じ気持ちだったと思う。

幸運なことに、私は楽しいと思える仕事に就職後2年で出会うことができた。以来40年あまり、所属する会社や部署は転々としてきたが、仕事の中身は経済社会の調査研究で一貫している。

ちなみに、エコノミストとして、その後、同業者になった同僚は、すべて終電まで残った人たちだ。毎日、定時に家に帰った仲間からは、ひとりの同業者も生まれていない。

結局、**仕事というのは、好きなことならいくら働いてもストレスにならない〝天国〟と、1時間働いたら苦役になる〝地獄〟に明確に分かれるのだ。**

だから、人生のなかで、どれだけ早く自分の天職にめぐり合うことができるかが勝負の分かれ目になると思う。

もちろん仕事には、お金を稼ぐための手段という側面もある。無論、ラクで、儲かって、やりがいがあるという、三拍子そろった完璧な仕事は存在しない。

ただし、その人にとって一番マシな仕事、セカンドベストの仕事というのは存在する。そこにいかに早くたどり着けるかが、仕事選びの最大のポイントになるのだ。

最近は、日本経済の構造転換のために「リスキリング」が大切だと言う人が増えた。リスキリングというのは、陳腐化した職業能力を捨て、これまでとは違う仕事で必要となる技術を身につけるための職業訓練を行なうことを意味している。新たな付加価値を生み出す成長力を伴う企業への労働移動を促すためだ。実際に、リスキリングを支援する雇用政策も手厚く準備されている。

しかし、私はリスキリングという言葉を聞くたびに、「それを発案した人は、天職にめぐり合えていないのだろうな」と感じてしまう。

好きな仕事は限定されるし、その好きな仕事で技術を身につけるには、10年、20年という長い時間が必要となる。落語の名人を、ちょっとしたトレーニングでタップダンサーに変えることなど不可能なのだ。

リスキリングが可能なのは、技術や技能が確立していない若いときだけだ。だから、若者の仕事選びはとても重要なのだ。

モリタク教授の
ここがポイント

- 仕事は、その種類によって〝天国〟にも〝地獄〟にもなる
- 仕事の苦痛と労働時間の長さは関係ない
- 人生の勝負の分かれ目は、どれだけ早く天職にめぐり合えるかに尽きる
- 「リスキリング」が可能なのは若いときだけ

Message 11

一生使える「本物の仕事力」は、〝地獄の底〟まで働く試練のなかでしか育たない

「働き方改革」は亡国の政策だ。働き方の自由を奪うだけでなく、働く人の職業能力開発を阻害するからだ。

「働き方改革」という言葉に踊らされてはいけない

「2024年問題」が大きな話題となったのを覚えている人も多いだろう。2024年4月からトラックドライバーなどの時間外労働が年間960時間に規制されたため、ドライバー不足が深刻化し、物流が大混乱した。

トラックドライバーの時間外労働を厳しく規制するということは、政府が進める働き方改革の一環だが、この政策は現場を知らない官僚が頭のなかだけで考えた結果だ。

たとえば、定型業務をこなすサラリーマンの労働時間を厳しく制限することは、ワークライフバランスの改善に役立つだろう。

しかし一方で、お笑い芸人とか音楽家といった「楽しい」仕事をしているフリーランスの労働時間を規制しても、彼らが幸せになることはない。

私は、トラックドライバーは、実質的にサラリーマンとフリーランスの中間、どちらかといえばフリーランスに近い存在だと考えている。彼らはハンドルを握ったら、安全で確実に荷物を届けられるよう、経路や休憩時間の選択など仕事のやり方を自ら考え、判断してやっている。つまり自由と自己責任の仕事だ。

サラリーマンのように細かいところまで、いちいち指図を受けることはない。だから、事故を起こさない範囲で、労働時間も自由に決めるべきだ。

彼らの生活が苦しいのは、中小の運輸業者に対して不当な安値の発注がなされているからだ。だから、**行政がやらなければならないのは、運賃のダンピング防止である。適正な運賃が支払われている限り、労働時間はドライバーが決めればよい**。

そうした事情は、創造的な仕事をするサラリーマンでも同じだ。**若いときは体力の限界まで働いて、集中的に技術や技能を身につけるべき**だ。

たとえば、日本銀行の審議委員として活躍し、いまでもエコノミストとして高い評価を得ている片岡剛士《かたおかごうし》氏は、三和総研時代に私が新卒採用し、トレーニングをした。

私自身は覚えていなかったのだが、入社早々私に言われたのは、「夜10時前に家に帰ろうとは思うなよ」ということだったそうだ。彼はその言葉に従い、猛烈な勢いで調査研究業務に励んだ。そして、自分の限界を知ると、「一度、大学院に行って、最先端の理論や分析手法を学びたい」と言ってきた。私は快く彼の背中を押した。

片岡氏のフェイスブックを見ていると、彼はしばしば、いまの若手のふがいなさを嘆いている。私に言わせれば、それは当然のことだ。彼らは、片岡氏のように〝地獄の底〟まで徹底的に働いて、技術や技能を蓄積するという体験をしていないからだ。

本質的な問題は「仕事がつまらなくなっている」こと

先に触れたように、私自身も働き方改革とは真逆の職業人生を送ってきた。月間の残業時間が250時間を超えるのは、日常茶飯事だった。

自慢できる話ではないが、シンクタンク時代にたったひとりで会社に残って、分析作業を続けていたとき、尿管に石が詰まった。尿路結石という病気で、これが猛烈に痛い。男性が感じられる痛みのなかで、最も強い痛みをもたらすのが尿路結石だ。一たび発症すると、スプーン1杯の水も飲めなくなるし、立ち上がることもできなくなる。

会社で独りぼっちだった私は、救急車を呼ぼうと電話機に向かって這《は》っていったが、途中で意識を失ってしまった。私が病院に運ばれたのは、早出の社員が倒れている私を発見したあとのことである。それでも私は、痛み止めの応急措置をしてもらって、すぐに会社に戻り、作業を継続した。

そうした修羅場を積み重ねて作り上げた職業能力だからこそ、その後、私は40年間も同じ仕事で食べていくことができている。

政府はリスキリングを推奨して、あたかも短期間で新しい職業能力の開発ができるようなことを言っているが、そんなことは絶対にあり得ない。本当の職業能力は生死をかけた試練のなかでしか育たないのだ。

むしろ、**本質的な問題は働き方の問題ではなく、「仕事がつまらなくなっている」こと**だ。楽しい仕事をしていれば、時間は気にならない。

２０２４年８月に書籍の執筆依頼が殺到し、13冊の本を書く羽目《はめ》になった。私は書くのが普通の人に比べてとても速いのだが、さすがに13冊は限度を超えていた。

そこで８月の31日間、連続で完全徹夜を断行した。寝落ちはしたが、一度もベッドには行かなかった。

これまでの人生において、そこまで激しく働いたことはなかったし、年齢も高齢者に突入していたから、無謀な挑戦かもしれないと思ったのだが、結果的にすべての書籍を仕上げることができた。しかも、執筆を終えたときの体調は絶好調だった。

とにかく、**政府がやるべきことは、労働時間を規制して労働者の休みを増やすことではなく、ブルシット・ジョブを規制して労働時間が気にならない仕事を増やすこと**だ。私はそう考えているが、そうした提案は、いまのところ一顧だにされていない。

働き方改革の時代のいま、私はサラリーマンの世界で働くことはできないし、サラリーマンの世界で仕事の指揮を執《と》ることもできない。その意味で、私のワークスタイルは完全に過去のものになってしまったのかもしれない。

それでも私は、自分の主張を変える気はまったくないが。

モリタク教授の
ここがポイント

- 「働き方改革」は官僚の頭のなかだけで作られた愚策
- 若いときは、体力の限界まで働いて技術や技能を身につけるべき
- 働き方ではなく、仕事がつまらなくなっていることが本質的な問題
- 短期間で新たな職業能力が身につくことなどあり得ない

Message

12

幸せな仕事人生を
実現できるか否かは、
報酬の多少ではなく、
やりがいの有無が
すべてである

仕事をするうえで、金銭的な報酬よりもはるかに大きなやる気の動機になるのは、自己実現のできる仕事かどうかだ。**幸せな職業生活の実現は、仕事のやりがいにかかっている。**

なぜ上司は店ではなく職場で酒を飲んでいたのか？

社会人4年目の1984年、私は日本専売公社から経済企画庁総合計画局労働班に出向した。そこで中名生隆《なかのみょうたかし》氏という計画官（課長職）に出会った。

彼は、私を含む部下たちを集めてこう言った。

「いい情報は後回しでよい。まずい情報はすぐに上げろ」

「自信のある仕事は締め切りまで自由にやれ。ダメだと思ったら、すぐに相談しろ」

指示はそれだけだった。

そして、日中はずっと新聞や本を読んでいた。しかも終業のベルが鳴ると、引き出しからウイスキーを取り出して、毎日、席でひたすら飲んでいた。

中間管理職の副計画官が人事異動で空席となったため、私が事実上、班のトップとなり、自由に仕事をさせてもらった。あまりに仕事が面白くて、毎日午前2時、3時まで働いた。
ある日、国会質問で経済効果を問う質問が出た。むずかしい推計で、私の手に余った。
私は計画官の指示を思い出し、彼に相談した。赤い顔をしていた計画官が突然、毅然《きぜん》として、データの取り方から推計の計算式まで実に的確な指令を下し、推計はあっという間に完成した。

実は計画官は危機対応のために毎日、外ではなく席で酒を飲んでいたということを初めて知った。ちなみに計画官は、その後、事務次官にまで登り詰めている。

最後の責任は上司が取ってくれることを知った私は、興味のおもむくまま、自分の仕事以外にも手を出していった。そして、メッセージ「**02**」で述べたように経済モデルをいじっているとき、近い将来、株価や地価が暴騰することを知ったのだ。

それを受けて、私は所沢に戸建て住宅を購入した。子どもが生まれていたのに、わが家の手取り月給は6万円台という極貧生活に陥ったのも前述した通りだ。

それでも、生活は何とかなった。だが、同期が結婚するとお祝いが出せない。困った私は、『省力と自動化』という雑誌に、ニュース解説記事を1コマ5000円で書かせてもらうことにして、窮地を乗り切ったのである。

出る杭になって打たれるほど働け

そんな状況だったが、経済企画庁の仕事があまりに面白かったので、JTからの出向の期限を迎えると、私は残留を望んだ。だが運悪く、公務員試験の受験可能年齢をわずかに過ぎていたため、計画官のアドバイスを受けて、シンクタンクに転職することにした。

1988年、私は三井情報開発という三井物産系のシンクタンクに入社した。そして、官庁や民間企業から依頼を受けて、調査・分析を行ない報告書を納品する受託調査に取り組んだ。そこに、私が予測していた「バブル経済」がやってきたのだ。

仕事は、いくらでもあった。「マイアミの金融市場を調査しましょう」などという企画提案も通ってしまったほどだ。私は、欧米やアジアを飛び回った。若造なのに、すべてビジネスクラス、高級ホテルに泊まり、関係各所へのお土産まで会社持ちだった。

北米のドーム球場の調査の仕事も決まり、トロントのスカイドームを訪ねたついでに、「周辺調査」ということで、ナイアガラの滝をヘリコプターで視察したこともある。その際、滝の上空でエアポケットに入り、ヘリは滝壺に向かって真っ逆さまに急降下した。

水面ギリギリでヘリは態勢を立て直し墜落は免《まぬが》れたが、私は腹を立てていた。ただ、感想を聞かれ、私の口をついて出たのは、「オー、エキサイティング」。そんな英語力でも仕事になったのだ。

このように、バブルのおかげで世界を回ることができて、世界に土地勘ができた。金融から新ビジネスまで、さまざまな仕事に携わることができ、視野が広がった。

ところが、バブルも末期になると、会社が利益率の低い総合研究所を改組して、システム総研にしたいと言い出したのだ。私は１９９１年、設立されて６年の三和総合研究所（現・三菱ＵＦＪリサーチ＆コンサルティング）に転職した。

創業社長の松本和男《まつもとかずお》氏の経営理念は「自由と自己責任」。私は、また死ぬほど働き、ガンガン稼いだ。その分、言いたいことを言い、やりたいことをやった。年収も社長の年収をはるかに超えた。

ただ、**出る杭は打たれる。先日会社を久しぶりに訪ねたら、「二度と第二の森永を出してはならない」というのが、いまの会社の方針になっている**そうだ。

実は、**私は社会に出てから45年間、一度も年次有給休暇を取って休んだことがない。**形式上取らないと会社がまずいので取ったことにはしているが、実態は休んでいないのだ。

しかも、これまでの大部分の職業生活で定時に帰ったことはなく、ほとんどが終電か、終電後のタクシーだった。なぜそんなに働いてきたかというと、仕事が楽しかったからだ。

報酬は、仕事ぶりをほとんど反映していない。経済企画庁に出向していたとき、たまたま会社（日本専売公社）が民営化され残業代の予算が手当てされていなかったという特殊事情もあった。そのため、出向時代の後半は、ほぼ基本給しかもらっていなかった。

一方、三和総研では、自ら行なった人事評価制度改革で、報酬を事実上の歩合《ぶあい》制に変えたため、私の年収は社長の1・5倍を超えていたと思う。経済企画庁時代と比べたら、年収は10倍近かっただろう。

しかし、どんな職場でも私の働き方は一切変わらなかった。**経済企画庁も、三和総研も、楽しい、やりがいのある仕事という最大の報酬を与えてくれていた**からである。

モリタク教授の
ここがポイント

- 仕事が楽しいと際限なく働ける
- 仕事の最大の報酬はやりがいのある仕事であり、お金の多少ではない

Message

13

顧客の心をつかむには、
何かをあげるより
何かをもらうほうが、
圧倒的にうまくいく

営業担当への配属を嫌がる人は多い。ただ、**私の職業人生で最も楽しかったのは、実は営業の仕事**だった。

モテるコツは、とにかく相手の話を聞くこと

1983年に日本経済研究センター勤務を終えたあと、私は日本専売公社の渋谷営業所に異動になった。そこで生まれて初めて、営業の仕事に就《つ》くことになったのだ。

私の仕事は、中目黒、学芸大学、祐天寺《ゆうてんじ》付近にある100あまりの小売店を回り、新製品の紹介やディスプレイの支援、そして、タバコの注文を取ることだった。

いまでもそうだが、タバコ屋の看板娘の大部分が「おばちゃん」だ。私は、そのおばちゃんたちにとてもかわいがられた。若い女性にはまったくモテなかったが。

私はタバコ屋の茶の間に上がり込んで、おばちゃんの話をずっと聞き続けた。客観的には、仕事をさぼっているようにしか見えなかっただろう。

ちなみに、かつて**石田純一さんに女性にモテるコツを聞いたら、とにかく相手の話を聞くことだと言っていた**。そのメカニズムが働いたのかもしれない。

すぐに、おばちゃんたちが、昼ご飯をごちそうしてくれるようになった。しかも、それだけではない。おばちゃんたちが、いろいろとモノをくれるようになったのだ。

タバコ屋というのは、さまざまな業種と兼業しているから、メーカーからもらったサンプルとか、売れ残りの商品などがたくさんある。それらを貢《みつ》いでくれるようになったのだ。その結果、菓子、ジュース、酒、服など、あらゆる生活用品が手に入るようになった。

私は、あげると言われたら、もらうことにしている。断ったら角が立つからだ。だから、4軒連続で栄養ドリンクを出されたときも我慢して飲んだし、コーラの1リットル瓶を出されたときも飲み干した。それで、ますますかわいがられるようになった。

営業員には、年度末にノルマがかかってくるが、私は余裕だった。私のノルマを心配したタバコ屋さんが、白紙小切手を渡してくれたからだ。ただ、毎日電話がかかってきた。

タバコ屋「森永さん、あまり大きな金額を書かれると、うち倒産しちゃうんですけど」

私「大丈夫。端数調整に使うだけだから」

ところが年度末の最終日、私の集計ミスが発覚した。数百万円売り上げが不足していたのだ。私は迷うことなく、同金額を小切手に書き込んだ。その後、その販売店には大量のタバコが納入されたが、何とか売り切ることに成功し、いまだに小売店を続けている。

営業職とホストに共通する「メカニズム」がある

1986年、三井情報開発総合研究所に出向したときと、1991年に三和総合研究所に転職した直後は仕事がなかったので、霞が関の官僚のところを営業で回った。

営業の仕事というのは、「この商品を買ってください」と言ったところで、素直に買ってもらえるものではない。相手の表情や言葉の端々、そして、ちょっとした動作から、どこにニーズがあるのか見つけることが最初の課題となる。ちょうどポーカーをやるような心理戦を展開するのが、まず面白いのだ。

もうひとつ、**営業の仕事の特徴は、顧客に何かをあげるよりも顧客から何かをもらうほうが、圧倒的に相手の心をつかむことができる**ということだ。

歌舞伎町のナンバーワンホストに聞いた話だが、客からの最初の貢物はタバコひと箱だそうだ。「あれ、タバコが切れちゃった。買ってきてくれないかな」と客に頼む。そして、届けられたタバコを大いに喜ぶ。そこで客は、貢ぐことの喜びを覚える。続けてホストは、もう少し単価の高いネクタイなどを所望する。そして、それがスーツになり、車になり、マンションになりと、要望をエスカレートさせていくのだ。高額の貢物をした客は、もう後戻りができない。退《しりぞ》いてしまえば、それまでの投資がムダになってしまうからだ。

専売公社の渋谷営業所にいたころは、そうしたメカニズムを、私はまったく知る由《よし》もなかった。だが、私の行動は、まさにホストそのものだったのだ。

生活用品のほぼすべては、タバコ屋さんからの貢物だったし、その市場価値は、私が会社から受け取るボーナスを超えていた。茶の間に上がり込んで食べる昼食も、かつ丼の上《じょう》、うな重と、どんどんグレードアップしていった。

そんななか、ものすごい貢物の提案があった。**養子に来てくれればマンションをあげるというのだ。マンションの1部屋ではない。1棟丸ごとのマンション**だ。

タバコ屋さんの営業権は一種の既得権だから、昔からその場所に住んでいて、大きな地所を持っていることが多い。

しかも、私が担当していたテリトリーは、東京都世田谷区と目黒区という、最も地価の高い地域だ。賃貸に回されているマンション1棟の価値は、当時でも数十億円、もしかしたら100億円を超えていたかもしれない。

もしあのとき、そうした提案を受け入れていたら、その後の人生は「左うちわ」だっただろう。だが私は、すぐに提案をお断りした。

結婚したばかりだったという家庭事情もあったし、何より自分の暮らしは、自分の稼ぎで支えたかったたからだ。その選択は間違っていなかったと思う。

そして、いまでも私は小さな営業活動を続けている。最近で言うと、20年間追い続けた童話作家デビューという目標が、細かい営業の積み重ねの結果、ついに実現した。

もちろん、**営業にノルマはつきものだ。ただ、そこをあまり意識しすぎないほうがよい**と思う。うまくいくときはうまくいくが、ダメなときはダメなのだ。目標が達成できなかったといっても、命まで取られるわけではない。だったら、ダメだったときは、また一から頑張ればよい。それだけの話なのである。

モリタク教授の ここがポイント

- 女性にモテるコツは、とにかく相手の話を聞くこと
- 相手の心をつかむには、何かをあげるより、何かをもらうほうが効く
- ダメなときはダメ、目標が未達でも命は取られない

Message

14

会社の言うことはコロコロ変わるからこそ、辞めどきは冷静に考える

経営方針をめぐって会社と対立したとき、すぐに辞表を叩きつけてはいけない。**社長とケンカするのは次の仕事を決めてからだ。**

世の中、予定通りに事態が進むことなどない

私はこれまで三度、会社を辞めている。日本専売公社、三井情報開発、そして三和総研（辞めたときは三菱ＵＦＪリサーチ＆コンサルティング）だ。いずれも会社を辞めるきっかけは、経営方針と対立したからだった。

専売公社を辞めたのは、出向していた経済企画庁の仕事が面白くて仕方がなくなり、経済分析という仕事を続けたいと強く思うようになったからだ。だが運悪く、私が決意した時点で、国家公務員上級試験の受験可能年齢をわずかに過ぎてしまっていた。

中級職であれば随意契約で採用することは可能だが、経験年数を半分しかカウントしてもらえないので、とてつもない低賃金になるという。妻に相談すると、妻は「やりたいことをやりなさい」と言ってくれた。

そこで上司の計画官にアドバイスを求めると、こう言われた。

「いまは熱くなっているから、そんなことを言っているが、実際、子どももいるのに超低賃金の暮らしは続けられない。調査研究の仕事を続けたいのだったら、シンクタンクに転職すればよいのではないか」

そこで私は、三井情報開発という三井物産系のシンクタンクに転職することにしたのだ。辞表を携えて日本たばこの人事課に赴《おもむ》いたところ、課長代理の逆鱗《げきりん》に触れてしまった。課長代理は、私の採用担当者だったので、私に思い入れがあったらしい。

課長代理「何がしたいんだ?」

私「シンクタンクがやりたい」

課長代理「だったら作ってやる」

こうして〝アメ〟を出したうえで、脅《おど》しもかけてきた。

「もし、三井情報開発が君を採用したら、親会社の三井物産の葉タバコ取引を止めてやる」

もちろん、それはブラフだろうが、そこまで言われたら仕方がないということで、私は転職を決めた三井情報開発に出向という形で2年間勤務することになったのだ。その間に、日本たばこがシンクタンク設立の準備をするという話だった。

ところが、世の中、予定通りに事態は進まない。大蔵省から天下ってきた新社長が、日本たばこの未来を切り開く「ＡＢＣＤ戦略」というものを打ち出した。アグリ（Ａ＝Agri）、バイオ（Ｂ＝Bio）、ケミカル（Ｃ＝Chemical）、ドラッグ（Ｄ＝Drug〈医薬品〉）の4分野に巨額の投資を行なって、会社の新規事業を発展させるというのだ。

振り返ると、**この語呂合わせの新規事業戦略はすべて失敗に終わった**が、余波を受けたのがシンクタンク構想だった。「ＡＢＣＤ戦略に資金を集中投下するので、シンクタンクを作る余裕はなくなった」と人事部から告げられたのは、出向後1年半経ってからだ。**「どうする？」という人事部係長の問いかけに、私は即座に「辞めます」と宣言**した。このときは、日本たばこ側の事情だったので、退職で揉《も》めることはなかった。

上司に食わせてもらっていない、上司を食わせている

三井情報開発の総合研究所で働き始めてほどなく、バブル景気がやってきた。

バブルの恩恵はなかったというサラリーマンは多いが、私は「バブルの恩恵をフルに受けた組」だった。ただ、バブルも末期になると、三井情報開発は利益率の低い総合研究所の経営を問題視し始めた。

ある日、ビジネス雑誌に三井情報開発が出稿した企業広告が掲載された。ところが、そこに掲載された部署名に「総合研究所」の名前がなかった。私は仲間数人とともに社長室に乗り込み、社長に聞いた。

「社長、総合研究所をやる気がないんですか」

「そうだ。やる気はない。君たちは、情報システム開発という本業につきまとっている刺身のツマだ。だから、利益率の低い総合研究所を改組してシステム総研にしたい」

それが社長の答えだった。

実は私は、その場で辞表を叩きつけなかった判断が冷静で正しかったと、いまでも思っている。

総合研究所の研究員は、その後、秘密の「転職研究会」を作って、およそ半分のメンバーが会社を辞めた。**脱出には半年ほどの時間がかかったが、いきなり辞表を叩きつけていたら、もっと時間がかかっただろうし、転職先に買い叩かれたことは確実**だった。

私は1991年、三和総合研究所に転職した。その後、親会社のＵＦＪ銀行が三菱東京銀行に事実上吸収合併されたため、会社に三菱から〝進駐軍〟がやってきた。そのときの私は、すでに大学教員の座を確保していたし、会社からもらう給料も減らしていて、最終段階では1円の報酬も得ていなかった。

それでも、やはり出る杭は打たれるというか、三菱側から「会社を辞めてほしい」という要請がきた。私は社長室で最後の雑談をした。

「森永さん、オマエはいろいろ会社に厳しいことを言うけどな。オレだって、オマエたちの給料を払うために、いろいろ苦労しているんだよ」

「おや、変なことを言いましたね。**アナタから給料をもらった覚えは一度もありませんよ。ボクたちが一生懸命働いて、その売り上げでアナタを食わせているん**じゃないですか」

まだ血の気が多かった若気の至りだ。さすがにいまでは、そんなセリフを口にすることはないはずだ。

モリタク教授の
ここがポイント

- 社長が代わると会社の経営方針もコロコロ変わる
- カッとなって会社を辞めると、転職先に買い叩かれる危険性もある
- 上司が部下を食わせているわけではなく、その逆である

Message

15

遊びを仕事にするのは
むずかしいが、
仕事を遊びに変えるのは
簡単だ

遊びを仕事にすることはむずかしい。しかし、仕事を遊びに変えることは比較的容易だ。職業人生を豊かにする第一歩は、仕事を遊びに変えることである。

思いついたら、とりあえずやってみて、ダメなら素直に謝る

前述したように、大学卒業後、最初に就職したのは日本専売公社である。半年間に及ぶ上田工場での研修のあと、配属されたのは本社の主計課資金係だった。当時の専売公社の売り上げは約3兆円。それを係長以下、たった4人で仕切っていた。

資金係の主な仕事は、専売納付金（現在のたばこ消費税）を国に納めるときに不足する資金を、郵便貯金を原資とする大蔵省の資金運用部から借りて、それを毎月の売り上げで返済していくことだった。会社には日銭で約100億円が入ってくる。私の最初の仕事は、返済のために2000億円の小切手（国庫金振替書）を書くことだった。

その仕事を始めた直後のことだったと思う。

先輩から受け取った引き継ぎ書を見ると、資金調達にはふたつの方法があると書いてあった。調達元のひとつは資金運用部資金で金利は7%、もうひとつは国庫余裕金で金利は

0%だった。私は係長に聞いた。

私「なぜ金利ゼロの国庫余裕金を借りないんですか」

係長「いま、国の財政が厳しくなっていて、余裕金なんてないんだよ」

私「だったら余裕金を作ればいいじゃないですか」

当時は本当に鷹揚《おうよう》な時代で、「とりあえずやってみるか」ということになった。**専売公社の口座は、区分管理はされているが一般会計と同じ口座だった。だから、専売公社の口座に資金を積み上げれば国庫余裕金はできる。**

そこで、大蔵省の資金運用部から数千億円、必要のないお金を借りて口座に入れた。それと同時に「国庫余裕金使用申請書」を提出した。あっさりと国庫余裕金の使用は認められた。金利ゼロのカネを手にしたのだ。

数カ月後に私のイタズラは大蔵省にバレた。係長とともに理財局に呼び出されて、たっぷりとしぼられた。

ただ、法律違反は一切していなかったので、二度とやりませんと確約し、反省の弁を述べただけで無罪放免となった。

その間、専売公社は無利子のカネを数カ月間にわたって使えたので、金利の「節約」は数十億円に及んだ。

この事件が、私の職業観を変えた。**何か思いついたら、とりあえずやってみて、ダメだったら素直に謝る。仕事が遊びに変わった瞬間だった。**

専売公社の主計課で2年働いた後、私は日本経済研究センターに出向することになった。これは日本経済新聞社の外郭団体で、数十社の企業から派遣された研究員が分担して経済予測をするシンクタンクだ。私に与えられたテーマは賃金と所得分配。自分で選んだのではない。割り当てられたのだ。

経済予測というのは、努力が報われない仕事である。前述したように、未来のことは誰にもわからないから、一生懸命分析して予測を出しても、思いつきで予測を出しても「当たるも八卦《はっけ》、当たらぬも八卦」の世界なのだ。

それでも、とにかく経済分析が楽しくて、楽しくてたまらなかった。とくに私を虜《とりこ》にしたのが「格差」だった。

あるとき、「賃金センサス」という統計を見ていて、私は大きな発見をした。

高度成長期に縮小していた格差が、低成長期に入ると拡大に転じていた。それも、**企業**

規模間の格差だけでなく、男女間、年齢間、産業間、職業間、地域間、職階間など、あらゆる切り口で見た格差が拡大していたのだ。私は格差社会の到来を確信した。

トマ・ピケティというフランスの経済学者が2014年に出した『21世紀の資本』（みすず書房）という書籍が、世界中に大ブームを起こした。世界各国のデータを200年にわたって分析し、格差拡大を実証したという内容だ。**私はそれより4半世紀も前に、日本だけ、30年程度の短い期間という条件つきだったが、その断片を発見していた**ことになる。

日本経済研究センターでの仕事は経済予測だったから、私のやっていた格差分析は本来の仕事ではない。遊びと言われても仕方がなかった。しかし、その遊びが私の経済への興味を駆り立てたのだ。

私が2003年に出した『年収300万円時代を生き抜く経済学』という本がベストセラーになり、年収300万円という言葉は流行語大賞のトップテンにも選ばれた。この本の原点は、日本経済研究センターでやった格差分析だ。

つまり、**「遊び」がベストセラーを生み出した**のだ。

まじめに仕事をしているだけでは何も起こらない

さらに三和総研時代、大きな転機が訪れた。

講談社の新任副部長研修の講師の仕事が飛び込んできたのだ。まだバブルの余熱があった時代なので、講談社でも大量の副部長が誕生していた。

そこで新任副部長を2チームに分けるので、「高齢化社会の展望」という同じ話を2回してほしいという。

いざ講義を始めてみると、後ろに人事部の人たちが同席していた。彼らは同じ話を二度聞くはめになる。それはかわいそうだと思って、2チーム目の講義のとき、私は高齢化の話を半分に濃縮して、残りの時間を恋愛経済学の話をした。

ひそかに積み重ねてきた「悪女の研究」の話や、ドイツの経済学者ヴェルナー・ゾンバルトの『恋愛と贅沢と資本主義』の話をしたのだ。これがウケた。

ちなみに、このときの新任副部長研修の生徒のひとりが、2024年10月に私と同じ原発不明がんであることを公表した山田五郎《やまだごろう》さんだ。いまでも山田さんは私のことを「先生」

と呼び、交流は続いている。

それからほどなくして、講談社の『小説現代』担当の新任副部長から電話がかかってきた。聞けば、講義で話したことを書いてくれませんかという。だから私のデビューは、実は『小説現代』なのである。

そして、『小説現代』に掲載された私の原稿を読んだ講談社出版部の編集者から、連絡があった。この原稿を膨らませて書籍にしたいという。

好きなことを書かせてくれるのだから、私は喜んで引き受けた。こうして1994年に、私の第1作『悪女と紳士の経済学』（講談社）が出版されたのだ。

賛否両論を巻き起こしたこの本は、大変な評判を呼んだ。

聞くところによると、書評の掲載は100を超えたという。文芸評論家の斎藤美奈子《さいとうみなこ》さんも書評を書いてくれた。「ちょっと、どうなのよ」と言いながらも、新しい視点を褒《ほ》めてくれた。

この本がベストセラーになれば成功物語だったのだが、世の中そう、うまくいかない。ジャンル分けがしづらい本は、書店に置き場がなかった。そのため、この本は初版で絶版になってしまったのだ。

ただ、出版界では大きく認知されたため、その後、私の抱える連載はピーク時には30本を大きく超え、毎年何冊も書籍を出版できるようになった。

ちなみに、『悪女と紳士の経済学』は、その後、文庫本にもなった。まったく売れずに初版絶版になった本が文庫本になるというのも、めずらしいことだろう。

それもこれも、私の**新任副部長研修での、ちょっとした遊び心がもたらした成果だった。**

まじめに仕事をしているだけだったら何も起こらなかったのだ。

モリタク教授の ここがポイント

- ☑ 遊びを仕事にするのはむずかしいが、仕事を遊びに変えるのは簡単
- ☑ 思いたったらとりあえずやってみて、ダメだったら素直に謝る
- ☑ ちょっとした遊びが思いもかけない幸運へとつながっていく
- ☑ まじめに仕事をしているだけでは何も起こらない

Message

16

前に出たければ、ぶっちぎりを目指せ

トップを取れば、人もモノもカネも情報も集まってくる。分野を限っていけば、誰でも世界一になることは可能だ。

どうせやるなら中途半端ではなく世界一を狙え

「自分は目立ちたくない。ひっそりと皆の陰に隠れて生きられたらそれでいい」

そう言う人は多いし、それはそれでひとつの生き方だ。

ただ、**前に出たければ中途半端は望ましくない。トップを狙う、それも世界一を狙うべきだ。世界一を取れば、人もモノもカネも情報も放っておいても集まってくる**からだ。

たとえば、私が運営する私設博物館のB宝館には、世界一のコレクションが複数ある。最も有名なのは、ミニカーのコレクションだろう。100年以上のミニカーの歴史のなかから、代表的なミニカーが3万台展示してある。

先日、ギネスの公式記録員がやってきて、「もし、あと1割ほど展示を増やせば、世界一になるのでやりませんか」と言われた。未展示のストックは、それよりはるかに多いので、やろうと思えばいつでも世界一になれる。だが、残念ながら展示するための時間を捻《ねん》出《しゅつ》することができないので、そのままになっている。

B宝館のミニカー展示数だけでも、少なくとも日本ではぶっちぎりの1位であることは間違いない。そのことは、世間にはすでに相当知れ渡っているようで、コロナ禍では、ミニカーを中心に段ボール300箱以上のコレクションを引き取った。

最も多いケースは、断捨離を進めたい家族と、コレクションをしてきた夫との話し合いの結果、どうしてもコレクションを捨てることができなくて、最後の居場所をB宝館に求めてくるというものだ。

私は基本的に寄贈だけを受けつけているので、資金負担なしにB宝館のコレクションはどんどん膨らんでいく。しかも、それはミニカーだけに限らない。

もちろん、こちらに負担がないわけではない。棚からあふれるコレクションを収納するため、収納棚の増設をしなければならないからだ。最近は、近所の元家具職人が手伝ってくれるので、格安で棚の増設をすることが可能になっている。それまでは、特注で棚を作ってもらっていたので、1段10万円ほどのコストがかかっていた。

ただ、棚の増設スペースも少なくなってきたので、引き取りのペースを落としている。

それでも毎月の開館日（第1土曜日）には、必ず寄贈品が持ち込まれる。それも日本だけでなく、香港とかシンガポールとか、世界中からお土産だといって、新しいコレクションが集まってくるのだ。

トップを取れば〝治外法権〟という特権も得られる

あるいは、**分野を限っていけば、いくらでも世界一は獲得できる。**たとえば、「ペットボトルのフタ」コレクションだ。

私は、ペットボトルが日本で最初に発売されたときから、フタに凝縮されている工業デザインの美しさに惹《ひ》かれて、コレクションを始めた。だから、初期のフタのコレクションは、かなり充実している。

ところが、私以上に夢中になったコレクターが何人もいて、彼らは猛スピードで私を追い抜いていった。とくに海外のフタのコレクションに関しては、彼らにとても敵《かな》わない。

彼らがやっているのは、自分のコレクションを写真に撮ってホームページに掲載し、その下に「Ｔｒａｄｅ　ＯＫ」と書いて、自分のメールアドレスを貼りつけておくことだけだ。それだけで、世界中のコレクターから交換依頼のメールが毎日数件は送られてくるそうだ。それも欧米だけでなく、中東や南米など、世界中からコンタクトがあるという。

「コレクションはしているが、英語ができない」という人も気にする必要はない。簡単な単語の羅列だけで、コミュニケーションは十分とれる。なぜなら、メールを送ってくる人もコレクターなので、気持ちが通じるからだ。

ペットボトルのフタのコレクションは、収納にもお金がかからない。100円ショップでファイルケースを買ってくれば、フタが100個は収納できるのだ。

こうしたコレクションの分野は、無数に存在する。そして、**その分野での第一人者としての地位を確立すれば、その地位はどんどん高まっていく**のだ。

もちろん、トップを取ることの重要性は、コレクションの分野に限らない。

たとえば、私の落語の師匠である笑福亭鶴光《しょうふくていつるこう》師匠もそうだ。77歳を迎えた鶴光師匠は、「お〜くしゃ〜ん、乳頭《にゅうとう》の色は?」などのギャグで一世を風靡《ふうび》した。

しかし、その後のメディア業界のコンプライアンス強化によって、テレビやラジオでは、エロネタをやる機会が、ほとんどなくなってしまった。

ところが鶴光師匠は、いまだにテレビやラジオでエロネタを続けている。**日本で唯一、公《おおやけ》の場でエロネタができる〝治外法権〟を手に入れてしまった**のだ。

「鶴光と言えばエロ、エロと言えば鶴光」と世間が認識し、テレビ局やラジオ局に誰もクレームを入れないからだ。**治外法権はぶっちぎりのトップを取ったことへの勲章**なのだ。

私も本を執筆するときに、すでにほかの人が書いている内容は、なるべく取り上げないようにしている。私よりも文章表現のうまい人はいくらでもいるし、すでに言われていることを焼き直しても仕方がないからだ。

誰も書いていないことには、書かれていない理由がある。最近の私は、そのタブーに挑戦することを人生最後の社会への恩返しだと考えて、実行に移しているのだ。

書けば書くほど軋轢《あつれき》は生じるが、ひとつだけ自慢がある。それは、私には「盗作」の疑惑がかけられたことが一度もないことだ。

モリタク教授のここがポイント

- ☑ **目立つためには中途半端ではなく世界一を狙うこと**
- ☑ **世界一になれば、人もモノもカネも情報も集まってくる**
- ☑ **ある分野の第一人者としての地位を確立すれば、その地位はどんどん高まる**
- ☑ **トップを取れば〝治外法権〟という特権も得られる**

Message

17

「親が死んでも締め切り厳守」は、どんな仕事にも共通する〝鉄のオキテ〟である

仕事を続けようと思ったら、最優先すべきことは締め切り厳守だ。納期を守らないと、ともに働く人の仕事が回らなくなってしまうからだ。

とてつもない才能でも、花開かないまま散ることもある

メッセージ「**02**」でも説明したように、私はかつて経済企画庁で働いていたころ、年収300万円だったにもかかわらず、ムリをして所沢に戸建て住宅を購入した。もちろん、たちまち困窮したため、雑誌に1コマ5000円で寄稿していたのもすでに触れた通りだ。

そのとき、ライターの先輩から忠告されたことがあった。

「親が死んでも締め切り厳守」

これだけを守っていれば、ライターの仕事が途切れることはないと言われたのだ。

このアドバイスは、実に的確だったと思う。締め切りを絶対に守る私の行動は評価され、全盛期には、デイリーの連載も含めて37本もの原稿を抱えた。

予定表に書き入れるのを忘れたといった事情で原稿ができていないことは、いまでもたまにある。ただ、編集者から確認の連絡をもらうと、必ず1時間以内に原稿を書き上げて、

送信している。だから、**ライターの仕事を始めてから40年近く経つが、いまだに締め切りを落としたことは一度もない**。

ただし、ピンチもあった。あるマネー雑誌の連載原稿を書いていたら、突然、何の関係もない機動戦士ガンダムのRX-78が頭に浮かんできて、暴れ出してしまったのだ。

いくら原稿を書こうとしても、ガンダムが気になって何も書けない。そこで、私は切り替えることにした。原稿の8割をガンダムの話にして、残り2割のところで話を急展開させて、マネーの話に強引に持っていったのだ。さすがに、このときは戦々恐々だった。

案の定、編集者から電話がかかってきた。だが、思わぬ反応だった。

「森永さん、今月の原稿素晴らしかったですね。ボクもガンダムの大ファンなんです」

その場は無事やり過ごせたのだが、そのマネー雑誌は、それから数カ月で廃刊の憂《う》き目に遭《あ》った。

締め切りを守れないことで仕事を失った人を、私はたくさん知っている。最も印象に残っているのは、テレビ番組で知り合ったイラストレーターだった。

彼女の作品はオリジナリティにあふれていて、見た人をすぐに虜《とりこ》にしてしまうほど魅力的だった。そのため、私は彼女を雑誌の編集者に紹介した。すぐに連載の仕事が発注されたのだが、そこで彼女の致命的な欠陥が明らかになったのだ。

彼女は、自分が納得しないと作品を提出できなかった。だから、締め切りの日がきても、「もう少し待ってください」と泣きを入れてくる。編集者が翌日連絡を取ると、「もう1日」と言ってくる。それを何回か繰り返したあと、彼女は電話にも出なくなってしまう。

さすがにそんなイラストレーターは使えないと、クビを切られるのだが、それまでに編集者はさんざん振り回される。彼女を紹介した私も立場を失う。つまり、仕事全体をぶち壊してしまったのだ。

彼女の現況はよく知らないが、その後、彼女がどこかのメディアで活躍しているという話は聞かないし、作品を目にすることもない。**せっかくのとてつもない才能が、花開かないまま散ってしまった**のだ。

人生は「職人」仕事で稼ぎ、「アーティスト」仕事で楽しむ

私は、仕事は2種類あると考えている。ひとつはカネを稼ぐ「職人」仕事で、もうひとつはカネを稼ぐ必要がない「アーティスト」仕事だ。

職人の最大の使命は、締め切りを守ることだ。一度約束したら、親が死のうが、病気になろうが、徹夜に追い込まれようが、何が何でも締め切りを守る。ときには、作品やパフォーマンスの質を多少犠牲にしてでも約束の期日を守るのだ。

ちなみに2024年の1月、私は抗がん剤が合わなくて生死の境をさまよった。そして、一命を取り留めたあと、2週間の入院をした。

私は、**多くの点滴を入れるために何本もの管を体につなぐ、いわゆる「スパゲッティ状態」になった。だが、そんな状態でもラジオの生放送は一度も休まなかった。私の職人魂だ。**

一方、アーティストは、仕事はあくまでも自己実現だから、作品の完成度にこだわってよい。納得できなければ、締め切りを守る必要もない。

問題は、アーティストは、ほとんどお金を稼げないということだ。逆に言うと、お金を稼ぐ必要のないときに限って、人はアーティストになれるのだ。

だから、現実的な人生の選択肢は、職人を続けながら、できるだけ時間を生み出して、アーティストの活動をすることとなる。

私の行なっている博物館運営、歌手、落語家、農民、歌人、童話作家などのアーティスト活動で利益を出しているものは、ひとつもない。ただ、それはそれで構わないと思っている。楽しいからやっているので、お金を稼ぐことをそもそも目的にはしていないからだ。

これは、画家、音楽家、お笑い芸人、小説家、歌人などあらゆる分野のアーティストに共通している。

吉本興業には6000人のお笑い芸人が所属しているそうだが、その9割以上は年収が10万円に満たないそうだ。それでも、彼らは好きな仕事をすることで、人生を謳歌《おうか》している。もちろん、暮らしのためにアルバイトを同時並行で行なっている。

そこで気をつけなければならないのは、**アーティストの論理を職人の世界に持ち込んでは絶対にいけない**ということだ。

それが、「親が死んでも締め切り厳守」という〝鉄のオキテ〟の本質的な意味なのだ。

モリタク教授の
ここがポイント

- どんな仕事でも最優先すべきは締め切りを守ること
- お金を稼ぐ必要のないときに限って、人はアーティストになれる
- 「職人」は締め切り厳守、「アーティスト」は締め切り無視でよい
- アーティストの論理を職人の世界に持ち込んでは絶対にいけない

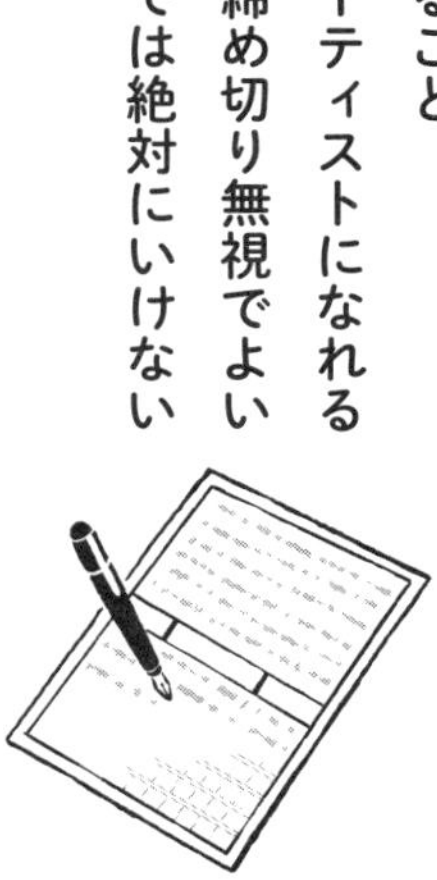

Message

18

見栄を張らずに等身大の自分を見せれば、緊張することなどない

緊張のあまり、頭が真っ白になってしまう人がたくさんいる。それは、自分をよりよく見せようとする欲望があるからだ。**等身大の自分をさらけ出せば、緊張はしない。**

肩書きなんて、しょせんは意味のない符号にすぎない

三和総研に勤め始めた1990年代、私は初めてテレビのレギュラー番組を持つことになった。

テレビ神奈川が、三和総研でエコノミストを務める嶋中雄二《しまなかゆうじ》氏にコメンテーター就任を依頼した。だが嶋中氏は、ちょうどテレビから引退する意向を固めた時期だったので、依頼を断った。そして、「誰かよい人はいませんか」というテレビ神奈川の問いかけに、嶋中氏が私の名前を挙げたのだ。

ところが、「ZONE」というその番組は、制作費の一部を政府が負担する間接広報番組だったため内容がまじめで、コメンテーターの自由もほとんどなかった。

唯一の自由は、番組の最後に設定された「コメンテーターの今日のまとめ」というコー

ナーだった。そこで私は、**その日のテーマをすべて男女関係に置き換えて、まとめることにした**。

たとえば、財政赤字の問題に関しては、「夫が山のような借金を抱えていても、妻がそれ以上に貯金をしているので、世帯全体としては破綻《はたん》しないんですよ」と、政府の借金の実態について、国民の貯蓄を例に挙げて解説したのだ。

それを面白がってくれたテレビ神奈川のディレクターが、新しく始まるバラエティ番組に私を呼んでくれた。その番組で、私は自分のコーナーを作った。

「1週間の新聞記事のなかから、気になる話題をすべて男女関係に置き換えて解説する、今週の瓦版《かわらばん》のコーナーです」

ディレクターは数カ月でネタ切れすると思っていたそうだが、私は2年以上続けた。

こう書くと、すんなりいったように思えるかもしれないが、番組開始前には、ひと悶着《もんちゃく》あった。三和総研が、会社の権威が落ちるので会社の名前をバラエティ番組で出してはいけない、と言ってきたのだ。

私は、肩書きなしで出演しようとしたのだが、ディレクターが、それはダメだと言う。日本は肩書き社会なので、何らかの肩書きが必要だと言うのだ。

「そんなことを言っても、ほかに肩書きなんてないぞ」と言う私に、**ディレクターは「一晩考えさせてください」と言い、日本で初めて「経済アナリスト」という肩書きを、ひねり出してきた。つまり、経済アナリストというのは意味のない符号**なのだ。

それから30年が経ち、日本には100人以上の経済アナリストがいる。彼らは一体、どんな仕事をしているのだろうか。

知らないことは素直に知らないと堂々と言う

テレビ神奈川でやったおふざけは、思わぬ展開をもたらした。

1999年、テレビ朝日の「ニュースステーション」のディレクターから突然、一緒に食事をしながら飲みませんかという電話がかかってきた。

毎日夜中まで残業して、粗食を繰り返していた私は、タダ飯と美酒に酔いしれた。もちろん、世の中タダで終わることなどあるはずがない。帰り際にディレクターがつぶやいた。

「森永さん、一度ニュースステーションに出てみませんか」

その直前、「ニュースステーション」のコメンテーターが不倫スキャンダルを文春砲で撃たれ、後任を探していたのだと、あとから聞いた。私は即答した。

「久米宏《くめひろし》さんと渡辺真理《わたなべまり》さんのサイン入り名刺と引き換えなら出ます」

当時、私は有名人のサイン入り名刺をコレクションしていて、絶好のチャンスだと思ったのだ。テレビ朝日に到着した私は、生放送前に約束の履行を求めた。

「サイン入り名刺をくれなかったら、スタジオに入りません」

ディレクターは、ちょっとだけ嫌な顔をしたが、ふたりのサイン入り名刺をもらってきてくれた。その時点で、私の仕事は終わった。

生放送の本番、私は適当に流した。何しろ仕事はすでに終わっているのだ。

ところが、あとから聞いた話だが、その放送をテレビ朝日の幹部が目を凝《こ》らして見ていたという。新コメンテーター候補の値踏みをしていたのだ。

そして、「こいつは、久米さんからどんな質問を振られても一切動じないのですごい」ということになり、私は新コメンテーターとして番組に加わることになった。**私の「ニュースステーション」のコメンテーター就任は、テレ朝幹部の勘違いから始まった**のだ。

番組に参加して、久米宏さんが努力の人だということがわかった。ゲストの著書や資料はすべて読み込んでくるし、あらゆる勉強を怠《おこた》らなかった。

番組で出せるのは、その数パーセントなのだが、あらゆる想定をしているので、どんな事態が起きても対応できた。ただし、真剣に仕事をしているからこそ緊張もする。生放送前には、久米さんの手が震えていた。

私「毎日やっていて、なぜ緊張するんですか。ボクなんて、ぜんぜん緊張しませんよ」

久米「緊張しないヤツは成長しないぞ」

たしかに、それ以降も私は一向に成長していない。ただ、**私は成長しようとも思っていない**からだ。**私は私であり、それ以上の存在に見せかける必要性を感じていない。**

その意味で、私が一番得意にしていることは討論だ。私は見栄を張らないので、知らないことは素直に知らないと堂々と言う。

世の中には、自分の勉強不足が露呈《ろてい》することを恐れて、よく知らないことまで論評する人が多い。ところが、そんなことをするから専門家から発言の矛盾を指摘されて、ボロボロになってしまうのだ。

必要以上に自分を大きく見せかけようとする人に限って、高級なスーツを身にまとい、高級車に乗ってテレビ局に現れ、そして大人数の部下を連れてくる。そうした行動を見た瞬間、私は「この人は中身のない人なんだな」と判断している。そして、その判断は、ほとんど間違ったことがない。

ちなみにガンを患《わずら》って、普通にスーツを着ることができなくなった私は、いまスウェットのパンツでテレビやユーチューブの番組に出演している。

ムリをして時間をかければ、スーツのズボンをはくことは不可能ではないだろうが、体に負担をかける必要もないと思って決断した。

実際、それで何の問題もないことがわかった。視聴者は、誰も私の格好いいファッションを見たいとは思っていなかったのだ。こんなことなら、もっと早くやればよかった。

ガン罹患《りかん》のもたらした思わぬ副産物はファッションを捨てることだったのだ。

モリタク教授の ここがポイント

- 等身大の自分をさらけ出せば緊張しない
- 「経済アナリスト」という肩書きは意味のない符号にすぎない
- 見栄を張らないで、知らないことは知らないと堂々と言う
- 必要以上に自分を大きく見せる人は、中身のない人だと思われる

Chapter 2 仕事に関するモリタク流「常識」と「非常識」

Message

19

計画通りに成果を残すことより、変化に対応できる「いい加減さ」を磨こう

世の中は予定通りには動かない。思わぬ変化が必ず襲ってくる。そこで重要なのは変化に対応する柔軟性だ。その**柔軟性を生むのが「いい加減さ」**だ。

仕事で大事なのは「いい加減」と「手抜き」である

三和総合研究所で、私は人事評価制度の大改革を行なった。それまで部長の評価で決まっていた昇進や賞与の決定を覆《くつがえ》し、プロジェクトチームが1年間で稼いだ粗利《あらり》を、チームリーダーが一括してメンバー間に配分する方法を採り入れたのだ。

この方法が、部長が評価をするよりもずっと優れていることは明らかだった。チームリーダーはプレーイング・マネージャーで、実際に現場で研究員と一緒に動いている。だから、誰がどれだけ働いているのかをきちんと把握していたのだ。

私自身もチームリーダーをしていたのでよくわかるのだが、この仕組みはチームリーダーに強いプレッシャーを与える。

ある年、私のチームは巨額の利益を上げていた。目標の2倍近い粗利を獲得したので、完全成果主義の賃金制度の下では、かなり大きな金額の賞与原資があった。

私は、Aという若い女性研究員に高額の賞与を配分した。「かなり喜ぶだろうな」と内心思っていたのだが、私が出先から帰ってくると、机の上に分厚い札束の入った封筒が置かれていた。A研究員からだった。そこには、「こんなに賞与はもらえないので、お返しします」というメッセージが添えられていた。

私は会議や打ち合わせが大嫌いなので、チームリーダーとして研究員を呼びつけるようなことはしなかったのだが、さすがにこのときは、A研究員を呼んで会議室で話をした。

「君の年齢を考えたら、決して少ない金額ではないと思うよ」

「それは知っています。私も過分な評価だと思います」

「それじゃ、なぜ突き返したりするんだ？」

「金額が不満なのではありません。ただ、私の賞与がなぜ、B君よりも低いんですか？」

私のチームでは、誰がいくら賞与をもらっているのか、すべて公開していた。そのほうが、皆の納得がいくと思ったからだ。しかし、そのことが逆に軋轢を招いてしまった。

私がB君のほうを高く評価したのは、B君が「いい加減」だったからだ。Aさんはとてもまじめで、きちんと調査研究の計画を立てて、きちんと計画通りに仕事を進めていた。だからミスがなく、誰からも文句を言われないレポートも作っていた。

ただ、その一方で融通がきかなかった。途中で方針を変えようとすると反対したし、何より新しい仕事が飛び込んできたときも、すでに限界まで働いているという理由で、受けてもらえなかった。

一方、B君は柔軟だった。すでに限界まで働いているにもかかわらず、新しい仕事を持ち込むと、「わかりました」と言って、どんどん自分の仕事の分量を増やしてくれた。

クライアントから年度末ギリギリになって、「この仕事をやってほしい」と言われるのは、たいていの場合、その調査がどうしても必要で、なおかつ、ほかに引き受け手のない場合が多い。だからクライアントの要請を断ることは、その後の信頼関係を考えると、とてもむずかしいのだ。

そういう、**いざというときのB君は、とても頼りになる存在だった。それが私がB君を高く評価した最大の理由**だ。

もちろん、**B君はすでに限界まで仕事を抱え込んでいる。それでも新しい仕事をいくつも抱えられるのは、彼が「いい加減」だからだ**。時間は有限だから、仕事量を増やせば、その分、ほかの調査を含めて「手抜き」をしないといけない。

しかし、その手抜きをわからないように上手にやるのは、とてもむずかしい。

「適当でいい」という仕事にこそ神経を使う

ライターの仕事をしていたころ、ゴールデンウィーク進行や年末進行で仕事が立て込み、担当ライターが過労で倒れてしまうことが、しばしば起きた。すると、編集者から連絡が入る。

「森永さん、適当でいいので、2ページ埋める記事を明朝までに書いてください」

この**「適当」という言葉は〝悪魔の言葉〟だ。もし、本当に質の低い文章を書いたら、私自身が仕事を失うことになる。だから、「適当な」原稿こそ神経を使って、ていねいに書かなければならない**のだ。

自分で言うのもおこがましいが、私は「いい加減さ」には、ちょっとした自信を持っている。

テレビ局の廊下を歩いていたとき、「出演者が遅れてしまったので、代わりに出演してもらえませんか」という要請を、本番まであと数十秒のタイミングで受けたことがある。何をやるのか知らないし、もちろん台本も見ていない。

多くの評論家は、そんな恐ろしいことはできないと言う。だが、私は平気だ。40年間の調査研究の積み重ねがあるから、化粧品とファッションを除けば、たいていのことはわかる。何より自分にわからないことがあったら、「それはわかりません」と発言することに何のためらいもない。

きちんと計画を立てて、計画通りの成果を残すことは大切な職業能力だ。ただそれよりも、いい加減に変化に対応できる柔軟性はもっと大切なのだ。

ちなみに三和総研のB君は、その後順調に出世して、いまでは経営幹部を務めている。

モリタク教授の
ここがポイント

- 仕事で大事なのは「いい加減」と「手抜き」である
- まじめに仕事をしていても、融通がきかなければ評価はされない
- 融通がきく人はうまく手抜きをしている
- 「適当でいい」仕事こそ神経を使い、ていねいにやる
- 計画通りに成果を残すことよりも、いい加減に変化に対応できる柔軟性が大切

Message

20

ときには
私の古い考えより、
自分の若いセンスを
信じたほうがいい

実は会社は、いくら赤字を出してもつぶれない。つぶれるのは、資金繰りがつかなくなったときだ。

起業したら見栄を張らず運転資金を確保すべき、か？

起業をして、ある程度の収益が得られるようになると、見栄を張るようになる社長が多い。社長室に据《す》えつけられた大きな机と革張りの椅子、豪華な応接セット、高級外車の社用車、デザイナーハウスの自宅などだ。

私は起業するゼミの学生には、そうした行動を厳《げん》に慎むように指導し続けている。会社を始めた初期段階では、資金繰りが不安定な場合が多い。資金がショートしたからといって、銀行が即座に資金を貸してくれるわけではない。資金調達ができなければ、会社は倒産する。そうなれば、せっかく作った活躍の舞台を失うことになる。

だから、**豪華なオフィス家具や社用車を買うお金があったら、それを運転資金として確保しておくべき**である。机や椅子はなくていいし、移動は電車やバスを使えばよい。ところが学生たちは、私のこの指導をなかなか受け入れてくれない。

銀座を歩いていたときのことだ。「先生、お久しぶり～」という、若い男性の声が飛んできた。振り返ると、在学中に起業して大成功を収めたゼミ生が、ステアリングを握るポルシェから声をかけてきたのだ。

「先生、お茶でもしましょうよ」

「あいにく、次の仕事がもうすぐ始まるから時間がないんだ。ところで、その車は？」

「買いました。先生がやめろと言っていた都心のデザイナーハウスも手に入れました」

「あれほど、しばらくは会社の資金繰りを大切にしないといけないと言ったじゃないか」

「そこは、全然ご心配に及びませんよ。オンラインサロンも始めて支援者はたくさんいるので、万が一資金繰りに行き詰まっても、いくらでも助けてくれる人がいますから」

私のように、会社を守るために、自らは爪に火を点《とも》すような暮らしをするというのは、もはや流行《はや》らないのかもしれない。

そもそも、**豪華な家具とか高級車というのは、若い人たちが起業するときの大きな動機になっている。そして、成功者の証《あか》しとして、それらを披露することが新たな支援者を集めることにもつながっている**のだ。

私のように地味な会社運営をしていたら、そうした贅沢品に憧れて集まる支援者など、ひとりも出てこない。

起業したゼミ生が優秀だなと思うのは、皆が資金繰りをきちんと計算していることだ。あるゼミ生は、卒業後すぐに一等地にレストランを開いた。

「開業資金はどうしたの？」という私の問いに、「スポンサーを見つけたので大丈夫です」と彼は答えた。個人投資家が資金を出してくれたのだという。

ただし、彼のレストランはうまくいかなかった。コロナの傷跡からまだ十分に環境が回復していなかったからだ。

ところが、彼は借金を背負ったわけでも何でもない。損害はスポンサーがすべて負担することになるからだ。実際、彼は、すでに新しいビジネスに取り組んでいる。

私のような古い世代は、**事業を始めようと思ったら、まず必死に働き、節約を重ねて開業資金を準備し、会社を始めてからも資金繰りを守るために経費節減を徹底する、といった運営をしたがる。**

しかし、そうしたビジネススタイルはもう古いのかもしれない。

私が古いスタイルの起業にこだわったのは、スポンサーに口出しをされたくないからというのと、もうひとつは万が一、会社が行き詰まったときに、スポンサーに迷惑をかけたくないからだ。

だが、最近の若い人には、そんな悲壮感はない。**事業が成功したときの利益はスポンサーが取ればよいし、ダメだったときの損失もスポンサーが負担すればよい**、というように割り切って考えている。

組織での働き方はリクルートの社員を見ならえ

ずいぶん昔の話だが、シンクタンクに勤務していた時代、アメリカのエンジェル投資募集サイトに掲載する新ビジネスの概要を作成する仕事を手伝ったことがある。

そのときの最大の驚きは、「こんなくだらない内容で、ビジネスを始めようとするのか」ということだった。ところが、そのくだらないビジネスに結構な投資資金が集まったのだ。

いまの世の中にも、あぶく銭を持っている人がたくさんいる。その人たちの思いつきで、事業をろくに吟味《ぎんみ》せずにあぶく銭が投資される時代がやってきているのだ。

そうした時代には、事業の細かい中身を詰めるよりも、いかに投資資金を集めるかが重要視される。

それがよいことなのかどうかは別にして、**時代はもっと気軽に起業ができるように変わってきている**のだ。

三和総研時代、私の勤めるオフィスはリクルート本社のすぐ近くにあったこともあり、私はリクルートの社員と一緒に仕事もしていた。

その当時、新橋駅を降りて『少年マガジン』を小脇に抱えて出勤する私に、リクルートの社員が声をかけてきた。

「森永さん、いつまで『少年マガジン』を読んでいるんですか」

振り向くと、彼はこう言った。

「ボクたちはもう『コロコロコミック』に変えましたよ」

当時、**リクルートはポケモンのキャラクター開発の一翼を担っていた。そのときの権利が、その後のメディアファクトリー（2013年、KADOKAWAが吸収合併）でのポケモンカードビジネスにつながって大儲けをした**のだ。

リクルートは厳しい成果主義の会社であるのと同時に、その社員は発想が柔軟で主体的に動く。そして、何より仕事を楽しんでいる。

一方で、リクルートの経営者の江副浩正《えぞえひろまさ》（2013年死去）にはカリスマ性がなかった。

本人もそれがわかっていた。だから**有能な人材を集め、仕事を丸ごと任せたのだ。経営者が強いリーダーシップで会社を牽引するアメリカ型経営の真逆だ。江副の役割はビジョンを示すことだけ**だった。

だが、晩年に近づくと、江副にカリスマ性が生まれた。それがリクルート事件の遠因になったのだと私は思う。

江副がこだわった岩手県の安比《あっぴ》高原のスキーリゾート開発の際、温泉施設の整備を求めた江副に対し、「温泉は出ません」と社員が抵抗した。そのとき、江副はこう言ったそうだ。

「だったら、マントルまで掘れ」

残念ながら、私は晩年の江副タイプの経営者にしかなれないのかもしれない。

モリタクの教授のここがポイント

- ☑ 赤字ではなく運転資金のショートで会社はつぶれる
- ☑ 利益も損失もスポンサーが責を負う起業スタイルが生まれている
- ☑ 社員も主体的に動き柔軟に発想するリクルート的な働き方が儲けにつながる

Chapter 3

人生に関するモリタク流「常識」と「非常識」

Message

21

死んだら
すべてなくなるのに、
いま幸福を求めないで
どうする？

18歳になるまで、私は死ぬことが怖かった。自分が死んだあとにどうなるのか、自分のいない世の中がどうなるのか、よくわからなかったからだ。

あの世は存在しないし神も仏もいない

私の死生観に決定的な影響を与えたのは、大学に進学して受講した笠原一男《かさはらかずお》教授の日本史の授業だった。笠原教授の授業は、通年講義だったにもかかわらず、法然《ほうねん》に始まって日蓮《にちれん》に終わるというわずか数十年に終始し、しかも宗教論だけを取り上げる講義だった。

笠原教授の授業は、なぜ日本で、古代から封建、封建から近代、近代から現代という3つの転換期に新しい宗教の誕生が集中しているのか、という謎解きから始まった。

古代から封建への転換期に生まれた浄土真宗《じょうどしんしゅう》や日蓮宗などの鎌倉仏教、封建から近代の転換期である明治維新で生まれた天理教や金光教《こんこうきょう》などの新宗教、近代から現代への転換期である太平洋戦争の終結によって生まれた新興宗教。

実際、日本に現れたこうした宗教のほとんどが、3つの時代の転換期に集中している。その理由を笠原教授は、時代の転換期に発生する社会的混乱と生活困窮に求めた。

時代の転換期で経済が混乱すると、当然、庶民の生活は苦しくなる。宗教家たちは、その苦痛を少しでも和らげようと考えた。

たとえば、鎌倉仏教の創始者たちは「念仏さえ唱えれば、苦行などせずとも極楽浄土《ごくらくじょうど》に行ける」と庶民に語りかけた。もちろん、宗教家たちは極楽浄土など存在しないことを深く認識している。

しかし、目の前で苦しんでいる民衆を救うためには、あえてウソをつくことが必要だ。「あの世で幸せになれる」と庶民が信じれば、それが励みとなって、つらい、厳しい現世を生き抜くための張り合いが生まれ、前向きに生きていくことができる。だから、庶民に向けてあえてウソをつく決心をする。

それが、悟りを開くということなのだ、と笠原教授は講義したのだ。

私は、笠原教授の理論を次のように解釈した。

神も仏も存在しない。当然、あの世なんて存在しない。人間は死んだら元の木阿弥《もくあみ》で何もなくなる。存在しているのは現世だけだ。実は、仏陀《ぶっだ》もあの世の存在を信じていなかった。

私は笠原教授の授業を受講している最中に、悟りの境地に達してしまった。だから、**私の宗教上の立場は「モリタク教」の創始者で教祖**だ。

ただ、モリタク教の信者はひとりもいない。私と本物の宗教家の最大の違いは、私は広く民衆を救おうと思うほど親切ではないということだ。

私が、あの世の存在を信じていない根拠は、笠原一男教授の授業だけではない。脳科学や生物学など、私の知る限りあらゆる科学的研究が、あの世の存在を否定しているからだ。

ただし、この点に関しては、私と異なる死生観を持つ人が多い。彼らは神や仏の存在を信じ、あの世の存在を信じている。私も、いまの科学研究を超えた真実があって、あの世が存在している可能性はゼロではないと思う。

ただひとつ確かなことは、**どのような宗教観、死生観に立つとしても、現世だけは確実に存在している**ということだ。

だから、**確実に存在する現世をいかに幸福に生きるかということを最重視すべき**というのが、私の考えなのだ。

自己表現の欲求は誰にでもある

それでは、幸福な人生というのは、一体何だろうか。

人によって違うかもしれないが、**私にとって幸福な人生とは、自由に生きることのできる人生**だと思う。

生活を維持するためにやりたくもない仕事を続けたり、言いたいことを我慢したり、ウソをつかないといけないといった人生は不幸だ。自分のやりたいことをやりたいようにできる人生が一番幸せだ。

やりたいことというのは自己表現だから、具体的に何がそれに該当するのかは人によって異なる。

私にとって幸福に直結しているのは、童話や寓話《ぐうわ》を含めて書きたいものを書いていくこと、私設博物館のB宝館を中心にコレクションを拡充、整理、展示すること、歌手として多くの人前で歌うこと、ラジオや雑誌などで自分なりの論評を世に問うこと、畑で野菜などを育て収穫すること、若者たちに自分の人生から得られた教訓を伝えることなどだ。

もちろん、**旅行に出かけたり、おいしいものを食べたりしたら、そこその幸福は得られる。だが、それらと比べて自己表現の喜びはケタ違いに大きい**。

実際、私がガン宣告を受けて最初に取りかかったのは、書きかけだった書籍を完成させることだった。

「自分には、そうした自己表現したいという欲がない」と思う人は、多いかもしれない。

しかし、本当に自己表現のニーズはないのだろうか。

私は、自己表現の欲求は誰にでもあると考えている。

それを明確に意識できないのは、普段の暮らしがあまりに厳しいため、そこまで考えが及ばないからではないだろうか。

だから、**自分がやりたい表現が思いつかない人は、まず、それが何かを追求することから始める必要がある**。

それが「モリタク教」の第一の教義なのだ。

モリタク教授のここがポイント

- あの世も神も仏も存在しない
- 確実に存在する現世において、いかに幸福に生きるかを最重視すべき
- 幸福な人生とは自由に生きることができる人生である
- 生活のためにやりたくもないことをするのは不幸な人生である
- 自分のやりたいことがない人は、それが何かを追求することから始めよう

Message

22

ハーフスイングでは、ホームランは絶対に打てない

私がゼミの2年生に最初に指導することは、メッセージ「**01**」でも触れたように、「黙るよりスベれ」ということだ。**ハーフスイングでホームランを打つことはできない**からだ。

スベったときのリアクションは狩野英孝さんに学べ

獨協大学で教鞭をとるようになって20年が経った。

私のゼミでは、2年生の春学期を中心にかなり特殊な教育をしている。それは、徹底したプレゼンテーションの訓練だ。

ここでは、ブレインストーミングやディベートといった通常のトレーニングに始まり、川柳や三題噺《さんだいばなし》（3つのランダムなテーマを即興でまとめて話す落語）、ものボケなどを通じて、あらゆる表現手段を学んでいく。

2年生の秋学期は、そうして身につけたプレゼンテーション能力を踏まえて、2人1組で労働経済関連のテーマで通常のプレゼンテーションをして、実践的な能力を確立する。

そして、私のゼミで最も重視しているのが3年生の授業だ。**授業時間の90分間**（201

9年度から100分）をすべて発表者の学生に委ね、テーマ選定、企画、構成、パフォーマンスなどを自由に選ばせている。テーマは、ゼミの専門である労働経済学にとらわれない。宗教や政治、最先端産業、ダンス、音楽、宇宙、筋トレ、アニメなど、千差万別だ。

そして4年生になると、本来のゼミ研究に戻る。経済学関連の卒業研究の中間発表をしてもらい、ゼミ生同士で論評し合って、卒業研究を仕上げていく。


私のやっている2年生、3年生のゼミ活動は、ある意味で吉本興業が運営している芸人養成所「NSC」の授業内容と、かぶっている部分が多い。


なぜ、そんなことを始めたのか。そのきっかけは就職活動だった。

ゼミの黎明期《れいめいき》、とても優秀な女子学生がいた。成績は学内でもトップクラスで、努力家で、性格も温厚で、誰からも好かれるタイプだった。

ところが、彼女が就活を始めると、まったく内定が取れなかった。言い方は悪いが、チャラチャラと遊んできた同級生が一流企業の内定を次々と取ってくるなかで、彼女だけが就活につまずいていたのだ。

私は、ゼミのあとに少しだけ彼女に残ってもらって、面談をすることにした。原因は、すぐにわかった。彼女は緊張すると、うつむいて、こちらの目を見ずに、ぼそぼそと小さな声で話すことしかできなかった。つまり、自分の本来の姿をアピールすることが、まったくできていなかったのだ。

いくら努力して能力を身につけても、それを伝えることができなければ何の意味もない。そこで私は、どんな場面でも絶対に頭が真っ白にならない〝鋼の心〟を育てることを優先することにしたのである。

ゼミ生が最も恐れているのが、2年生の春学期の終盤に行なう「ものボケ」だ。ものボケの日は、私が用意した30種類ほどのグッズを教壇に並べる。そしてゼミ生はグッズをひとつ選んで、自分なりのものボケを披露していく。それを時間いっぱい繰り返すのだ。

ゼミ生は20人余りだから、だいたい15周くらいする。最初の5～6周は、自分なりの持ちネタで何とかやり過ごすことができるのだが、その後は必ずネタ切れになる。だが、そこからが勝負だ。

プレッシャーに耐えて、ムリやりひねり出したネタは、たいていスベる。ただ、**スベって、スベって、スベりまくると、何事にも動じない鋼の心臓が培われていく**のだ。

ちなみに、スベったときの最悪の対応は、恥ずかしさに耐え切れずに「キャー」と言ってグッズを放り投げ、逃げ帰ることだ。そのときだけ私は、**「スベったときほど堂々としなさい」**とアドバイスをする。

やっている本人が恥ずかしそうにすると、その恥ずかしさが観客に伝染してしまう。そうではなく、お笑い芸人の狩野英孝《かのえいこう》さんがよくやるように、堂々とその場に立ち止まり、右手を高く上げて、「サンキュー、サンキュー」と言いながら、ていねいにグッズを教壇に戻し、ゆったりと引き上げる。そうすると観客は、あたかも「ものボケ」が成功したかのような感覚に陥るのだ。

誰かが勝手に才能を見つけ出してくれるほど社会は甘くない

こうしたトレーニングを積み重ねると、２年生の終盤には、ふたりのゼミ生をランダムに選んで漫才をやってごらんと言えば、大体30分のネタ合わせで誰でも漫才ができるようになる。

ただ正直に言うと、面白い漫才をする学生と、あまり面白くない学生に、結果は明確に分かれる。

プレゼンテーションの技術を教えることはできる。だが、**私の20年間のゼミ活動のなかで、ずっと抱えてきた課題は、どうしたらクリエイティビティを鍛えることができるのかということ**だった。

そして、その結論は、「クリエイティビティを教えることはできない。できるのは、彼らが自由に表現できる舞台を用意することだけだ」ということだ。

3年生のゼミで、完全に自由な発表の舞台を与えているのは、そうした考えに基づいている。ただ、残念ながらクリエイティビティは、持って生まれた才能に依存する部分も大きいのが現実だ。

ゼミの卒業生のなかには、映像制作の分野で大ブレイクした学生や、放送作家としていまや第一人者になった学生もいる。彼らは、なぜか卒業後に私のゼミの出身者であることを隠すので、あまり世間には知られていない。ただ、彼らが3年生のときに作った自分たちなりの舞台は、抜きん出て面白かった。

もちろん、そこまでいかなくても、ゼミで自分なりのステージを創り出した経験は、その後の社会での活躍に大いに役に立っている。

誰かが勝手に才能を見つけ出してくれるほど、社会は甘くない。自分が何を考え、どういうプランを持っているのかは、まず自分から積極的にアピールしないと相手には伝わらないからだ。

ちなみに先日亡くなった司会者の小倉智昭《おぐらともあき》さんは、獨協大学の1期生だ。大学が創立されて最初の卒業生だから、就職活動の際に知名度がほとんどなく、苦労は多かったという。そうした厳しい環境のなかでも、自分たちは独自の経験を積み重ねてきたのだという大学の自由闊達《かったつ》な文化と、そこで培われた能力をアピールしてきた。こうした努力の積み重ねが、就職にとりわけ強い、いまの獨協大学を作り上げたのである。

大学のゼミというと、いまだに100年前のカビの生えた原書を読み進めて、教授の論評を聞くような活動をしているところが多い。しかし、そんなことをして、一体何の役に立つのだろうか。学生のほとんどは、考古学者になりたいなどと思っていないのだ。

破天荒《はてんこう》と言われる私のゼミ活動も、あと2年で定年を迎え終わるが、それを自由にやらせてくれた獨協大学には本当に感謝しているし、その気持ちは大部分のゼミの卒業生も共有してくれていると、私は強く思っている。

モリタク教授の
ここがポイント

- ☑ ハーフスイングでは、ホームランを打つことなどできない
- ☑ いくら努力して能力を身につけても、伝えることができなければ意味はない
- ☑ スベりまくると何事にも動じない鋼の心が培われる
- ☑ スベったときほど堂々とした態度をとろう

Message

23

一度きりの人生なのだから、「自分だけの足跡」をくっきりと刻み込む

メッセージ「**21**」でも述べたように、**人間にとって究極の欲求は自己実現、つまり「アーティスト」になることだ**。世間から評価を受けるかどうかは別にして、誰しもアーティストになることは可能である。

「自分が満足できる自分になりたい」が人間の最終目標

心理学で最も有名な法則は、マズローの「欲求5段階説」だろう。

マズローは、人間の欲求が「生理的欲求」「安全の欲求」「社会的欲求」「承認欲求」「自己実現の欲求」の5つの階層構図になっていて、自己実現の欲求が最も高いレベルの欲求だとしている。つまり、

①食事や睡眠、排せつといった本能的な欲求である生理的欲求
②安全・安心な暮らしをしたいという安全の欲求
③集団に所属したり、仲間を得たいという社会的欲求
④他者から認められたいという承認欲求

までの欲求がすべて満たされたうえで、残る**「自分が満足できる自分になりたい」とい**

う欲求が第5階層の「自己実現の欲求」なのだ。

他者がそれをどう評価するのかを気にするのではなく、自分自身の満足のために行動する人のことを、私は「アーティスト」と呼んでいる。

せっかく現世で一度だけの命を得たのだから、そこに足跡を残したいと思わないだろうか。正直言うと、私にはやりたいことがあふれているし、実際、やりたいと思ったことは、すべてやってきた。私のアーティスト活動を以下、紹介していきたい。

●B宝館――いずれ世界遺産になると信じている私設博物館

2012年に埼玉県の新所沢にビルを丸ごと購入して、私は「B宝館」という私設博物館を開設した。

コレクターが一様に語る夢は、「いつか、このコレクションを展示する博物館を作りたい」というものだ。私は夢を語るのが嫌いなので、実際に作ってしまった。

土地が100坪で、延べ床面積200坪の中古ビルを1億2000万円で買収し、内装と展示棚に6000万円かけたので、総投資額は1億8000万円だ。不眠不休で働いて得た資金を、ほぼ全額つぎ込んだ形だ。

なかに展示しているのは、ミニカー3万台、グリコのおもちゃ1万5000種、コーラやチューハイの空き缶、携帯電話、ウォークマン、デジタルカメラ、ラジカセ、食品パッケージ、スポーツ関連グッズ、マスメディア関連グッズ、ドラえもんグッズなど、総勢60種類12万点に上る。

一番の自慢は、ここにしかないものがたくさんあることだ。たとえば、**ホリエモンが服役していたときに刑務所内で履いていたサンダルの実物**とか、**北朝鮮の要人も飲んでいたといわれる韓国製のバイアグラ**とか、**消費者金融が配っていたティッシュ**とか、**有名人ダジャレグッズコレクション**などである。

有名人ダジャレグッズコレクションに関しては、最初にこけしをビートたけしさんのところに持っていってサインをもらい、「ビートこけし」というのを作った。それが、いまでは700人分を超えている。和田《わだ》アキ子《こ》さんのサイン入り空き缶の「和田空き缶」。なかには、安倍《あべ》晋三《しんぞう》元総理のサイン入り信号機の「安倍信号」などというものもある。

ただ、いまのところB宝館の所蔵品は文化として認められていない。数年前に日本テレビの番組が鑑定士と弁護士を連れてやってきて、全館鑑定を実施したのだが、産廃処理料込みで価値はゼロ円だという。

「さすがにそれはないだろう」と言った。すると、横から弁護士が出てきて、「森永さん、よかったじゃないですか。相続税は1円もかからないですよ」と言うのだ。

私の計画では、B宝館は早晩、世界遺産に登録されると信じている。国立西洋美術館に中世の宗教画がやってくると、皆が行列する。だが、実際は何もわかっていない人がほとんどだと、私は理解している。

本当は、みんな自分が生きてきたなかで出会った、日本の、たとえば工業技術、工業デザインの歴史を見たほうが楽しいはずなのだ。**本当のアートは人々の暮らしのなかにある**というのが、私のアート理論なのだ。

●歌手──ユニット「ホワイトバタフライズ」でCDデビューを目指す

歌手になりたいというのは、この20年ほど、ずっと追いかけてきた私の課題だ。

残念ながらCDデビューはできていないが、ラジオのイベントを中心にたくさんのステージを経験してきた。中野サンプラザ、よみうりホール、中目黒キンケロ・シアター、日比谷公園の野外ステージ、東京国際フォーラムなどの大きな舞台にも立っている。

なかでも強い印象に残っているのは、2023年に東京国際フォーラムのホールAで4

000人のお客さんを前に、沢田研二《さわだけんじ》さんの「TOKIO」と、少年隊の「仮面舞踏会」と、高橋真梨子《たかはしまりこ》さんの「for you…」を歌ったことだ。

私は観客が多いほど燃える性格なので、あれほどの興奮を感じたことはない。

いまは、ニッポン放送出身のフリーアナウンサー、垣花正《かきはなただし》さんと結成した「ホワイトバタフライズ」というユニットで、イベントを中心に歌っている。歌のうまいリードボーカルをセンターに招くことと、オリジナル楽曲の作成、そしてCDデビュー、少なくとも配信デビューを目指して練習に励んでいる。

また、まだ世に出ていない名曲を世間に広める活動もしていこうと考えている。**最近、最も夢中になっているのは沖縄の家族バンド、ゆいがーるが歌う「カンヒザクラ」という楽曲だ。この曲を歌うために50年ぶりにギターの練習も再開**した。

●カメラマン——才能がないので「二流」カメラマンを目指す

カメラをやり始めたのは、カメラブームが訪れた中学・高校時代のことだった。自分でフィルムの現像や焼きつけまで行ない、どっぷりと写真の世界に漬《つ》かり込んだ。

社会人になってからも写真を撮り続け、編集者と知り合うたびに「ボクをカメラマンで使ってもらえませんか」と言い続けた。すると、日経BPが創刊した『日経ビジネスアソシエ』という雑誌で、巻頭グラビアを担当させてもらえるチャンスを得たのだ。

ただ、私の切り口があまりにマニアックすぎたため、この連載は途中でリストラされてしまった。その後もカメラ熱は冷めず、いまは自分の書籍の写真や、自動車雑誌『ドライバー』に連載しているマジョレットのミニカーの記事に使う写真は、自ら撮影している。

だが、最近になってようやく気づいてきた。残念ながら、私にはカメラマンとしての才能がないようだ。プロの写真家の作品を見ると、構図のセンス、シャッターを切るタイミング、照明の当て方など、あらゆる点で私の作品を凌駕《りょうが》していることがわかってきた。

ただし、私はあきらめていない。**いま目指しているのは「二流」のカメラマンだ。二流には二流なりのニーズが存在しているはず**だからだ。

●童話作家――童話から寓話に幅を広げ、作品数でイソップ超えが目標

童話作家になりたいと思ったのは、もう20年も前のことだ。経済の本をいくら出しても売れるのは最初の数カ月だけであることに虚《むな》しさを覚え、もっと普遍的なテーマの書籍を後世に残したいと思ったからだ。それが童話なら可能だと考えた。

ところが、経済の本はいくらでも引き合いがくるのに、童話の絵本を書きたいと伝えた途端、編集者の顔が曇《くも》る。出版直前まで話が進んだことは何回もあったのだが、最終的に頓挫《とんざ》の繰り返しだった。

それでも、挑戦は続けていた。私が出す経済の本のあとがきを片っ端から童話にしたり、連載していた神戸新聞の記事を強引に童話化してみたりしたのだが、一向に私の童話は注目を集めることがなかった。

作家の林真理子《はやしまりこ》さんをラジオのゲストにお招きした際にも、童話を書いているという話をした。林さんは、「どんどんお書きなさい」と励ましてくださった。ただ、だからと言って、事態が進展することはなかった。

転機が訪れたのは、三五館シンシャから出版した『ザイム真理教』(2023年)と『書いてはいけない』(2024年)という2冊の書籍が爆発的に売れたことだった。現在、この2冊は増刷を重ねて、合計50万部を超えている。

ヒットを受けて、三五館シンシャの中野長武《なかのおさむ》社長から、「森永さんの闘病日記を読んでみたい」という要請があった。それに応え、同社から3冊目となる『がん闘病日記』を出版することになった際、私が書いてきた童話のなかで自信作の「星の砂」を含めた6作を掲載してほしいと頼んだ。結果的に、この作戦が大成功を収めた。

講談社から「絵本を出しませんか」というオファーがきたのだ。私は、すぐに新作の童話を書き下ろした。『絵本でわかる経済のおはなし　バブルが村にやってきた！』という絵本は2025年1月に出版された。私の40年間のバブル研究を凝縮《ぎょうしゅく》した物語で、童話作家になるという20年間追いかけてきた目標が、ついに達成されたのだ。

ただ、実際に絵本を出版してみると、そこには大きな制約があることに、いまさらながら気づいてしまった。

童話は読者として子どもを想定している。だから、残酷なシーンやむずかしい表現、悲《ひ》惨《さん》な結末を書けない。それがルールなのだ。俳句に季語を入れないといけないのと同じだ。

だが、それだと私のやりたいことが制約されてしまう。もちろん、あといくつかは童話を書くことはできるのだが、私はもっと世界の広がる寓話に軸足を移すことにした。いわば「俳句」ではなく、制約の少ない「川柳」を書くということだ。

私の知る限り、日本に専業の寓話作家はいない。世界でも有名なのは、2500年前のイソップくらいだ。そこで私は、「打倒イソップ」を掲げることにした。

イソップは生涯で725編の寓話を書いたとされる。それを少なくとも数の面では乗り越えようと考えたのだ。

早速、私は寓話の制作に取りかかった。そして、28作品を収録した『余命4か月からの寓話』（興陽館）が、2024年12月に出版された。さらに、すでに第3巻までは出版の構想がある。だが、**イソップを超えるためには、あと22巻出版しないといけない。**

私の寓話制作は、すでに第4巻に突入している。ちなみに第4巻の内容は、28作品すべてが「ウサギとカメ」というコンセプトだ。

●落語家——すべてのお題を「乳頭で解く」乳頭なぞかけの名人

私は、笑福亭鶴光師匠の弟子で、笑福亭呂光という立派な名前も師匠からいただいている。「しょうふくてエロこう」と、名前のなかに「エロ」が入っているのだ。

弟子にしてもらったきっかけは、ニッポン放送で鶴光師匠の番組に押しかけた際、師匠から「アスパラガスとかけてなんと解く」となぞかけを出題されたことだった。私は咄嗟《とっさ》に「乳頭と解きます」と答えた。

「その心は、マヨネーズをかけるとおいしく食べられます」

これが師匠に気に入られたのだ。

どんなお題が出されても乳頭で解くという「乳頭なぞかけ」をやっているのは、世界で私だけだ。**私は、これまで数百のお題を出されてきたが、乳頭で解くことに失敗したことは一度もない**。ただ、私の芸の致命的欠陥は、メディアで披露することができないということだ。

前述したように、昔はテレビでもラジオでも普通にエロネタが許されていたが、最近の〝安全第一〟の番組作りのなかで、エロネタはなかなか許されなくなってしまった。

ただし、活動を放棄したわけではない。イベントなどで、とくに鶴光師匠が出演している場合は、師匠からお題をいただいて、乳頭なぞかけを披露している。

「アナウンサーとかけて、乳頭と解く」
「その心は、嚙《か》んではいけません」
「時計とかけて、乳頭と解く」
「その心は、チチ、チチ、チチ」
落語家への道は、茨《いばら》の道だ。

紹介した活動のほかに、いまは図鑑作りにも熱中している。

私のトミカコレクションを紹介する『森永卓郎トミカコレクション』（八重洲出版）は、2024年に第4巻を出版して完結した。そしていま、「グリコのおもちゃ」の図鑑と、ミニカーの「マジョレット」の図鑑制作が佳境《かきょう》を迎えている。

アーティストとして何をやるのかは、もちろんその人によって異なってくる。ただ、誰もがアーティストになれる世の中が、私は一番望ましい世の中だと考えている。

「1億総アーティスト」

それが目指すべき社会のあり方なのだ。

モリタク教授のここがポイント

- 夢は語るものではなく、実現すべきものである
- せっかく現世で一度だけの命を得たのだから、足跡をしっかり残そう
- 本当のアートは人々の暮らしのなかにある
- 二流には二流なりのニーズが存在している
- 「1億総アーティスト」こそ目指すべき社会のあり方

Message

24

「運のいい、悪い」は言葉遣いと人付き合いで、いくらでも変えられる

どんな分野でも、成功者の多くが言う言葉は、「自分は運がよかった」ということだ。新しい技術や人との出会い、事業を開始したタイミング、世の中のトレンドなど、さまざまな幸運が成功者を生み出す。

運は才能や努力を超える力を発揮する

芸能界をみていると、「幸運が成功者を生み出す」を実感することが多い。

才能もあるし、とてつもない努力を積み重ねていても、売れない芸能人は無数にいる。その一方で、たまたまブームに乗っかり、スターダムへと駆け上がる人もいる。**運は才能や努力を超える力を発揮する**のだ。

たとえば、私が日本一の歌手だと思う天童《てんどう》よしみさんは、子どものころから誰よりも歌がうまかった。ただ、彼女はヒット曲に恵まれず、一度は引退を考えて地元の大阪に帰っている。両親の説得で歌手を続けたものの、10年を超える低迷が続いた。

その後、1985年にテイチクレコード移籍第1弾シングル「道頓堀人情」が大ヒットし、天童よしみさんはスターとしての地位を確立した。「道頓堀人情」は素晴らしい歌だが、天童さんの歌手としての実力がジャンプアップしたわけではない。天童よしみは、昔から天童よしみだった。大ヒットは幸運にめぐまれたからだと、私は思っている。

私自身の体験を振り返ってみても、私は運がよかったと思う。

専売公社の人事異動で、日本経済研究センターで調査研究の仕事にめぐり合えたこと。講談社の新任副部長研修の講師として呼ばれ、恋愛経済学の講義をすることになり、それが著書の出版に結びついたこと。テレビ神奈川のコメンテーター役が、当初予定していたコメンテーターの拒絶によってお鉢《はち》が回ってきたこと。ニュースステーションのコメンテーターに不倫スキャンダルが発覚して、その後任に滑り込んだことなど……。

すべてが幸運のなせる業《わざ》だった。

ただし、運が悪いと嘆く必要もない。**「自分のいまがあるのは幸運のおかげだ」という著名人は、同時に「運は変えられる」と言っている**からだ。北原照久《きたはらてるひさ》さん、ビートたけしさん、久米宏さんという3人の団塊《だんかい》の世代は、全員が「運は変えられる」と言っていた。

それでは、どうしたら運を変えることができるのか。

驚くことに、そこでも3人の言葉は一緒だった。

「運のよい人と付き合うのが、いちばん自分の運を変えやすい」

運がよい人のところにはチャンスが集まってくる。海鳥は、泳ぐ魚を捕獲するために魚群のなかに飛び込む。1匹、1匹の小魚を追いかけても効率が悪いからだ。

では、運のよい人のグループに入るためには、どうしたらよいのか。最も手っ取り早い方法は、運のよい人にかわいがられることだ。

性格が暗くて不平や不満ばかりを言う人は自分の周りに置きたくないし、ベタベタとまとわりついてきて、ご機嫌ばかり伺うような人もわずらわしい。

かわいがられるのは、普段は離れていても必要なときに身近にいて、自分を一生懸命手助けしてくれる人だ。だから、人からかわいがられるためには、全体の動きをよく見て、いま自分に何が要求されているか、相手とどのような距離感を取るべきかを、つかみ取らなければならない。

その意味で思い出すのは、三井情報開発の総合研究所に勤務していたときの相棒、S君のことだ。

S君は、研究員であると同時に情報処理技術者でもあって、とても高度な職業能力を備えていた。同時に大変な遊び人で、定時になると、さっさとどこかに出かけてしまう。だから私は、いつも終電まで会社に残って、夕方以降に霞が関から突然依頼される業務に対応していた。

普段は、それで仕事が回っていたのだが、年に数回、大きな作業の依頼がやってきた。とても私ひとりでは対応できない量の作業だ。そんなとき、私はすぐにS君に連絡を入れた。まだポケベルの時代だ。

彼が何をしていたのか、私は知らない。ただ、私が連絡をした途端に彼は会社に戻ってきて、一緒に徹夜をしてくれた。それが「かわいい」ということなのだ。

「つらい」「苦しい」「疲れた」は絶対に口にしない

もうひとつ、**運をよくするコツは暗くならないこと**だ。私自身も、暗くて後ろ向きの人と一緒にいたいと思わない。だから、新入社員の採用選考でも、「暗いヤツを採るな。明るいヤツを採れ」と指示し続けてきた。

暗い人はダメだということに関しては、強烈な経験がある。昔は、出版社が作家を連れて銀座のクラブで接待するということが頻繁に行なわれていた。

私の本が売れたのはバブル崩壊後かなり経ったあとだったので、そうした恩恵に私が与《あずか》ることは、ほとんどなかったのだが、一度だけ大手出版社の社員に銀座のクラブに連れて行ってもらえることになった。

ただし、交際費が厳しく制限される時代に突入していたので、訪ねた店は、いくら飲んでも食べても1人1万円という、ママがひとりでやっている店だった。

私は、そのこと自体はまったく問題視していなかったのだが、問題はママがずっと愚痴《ぐち》を言い続けたことだ。

最近は客の数が激減して、売り上げがほとんど取れない。にもかかわらず、家賃は30万円でちっとも下がらない。食材の仕入れもあるし、毎月の赤字で預金残高がどんどん減っている。だから店を続けられるのは、せいぜいあと数カ月だ。そんな話を延々とするのだ。

私はママの愚痴に耐え切れなくなり、30分くらいで店をあとにすることにした。

「あら、もう帰っちゃうの。ほかにお客さんいないのよ」

「でも、また来ますので」

「そう。皆さんそう言うんだけどね、2回目に来た人は誰もいないの」

ママは、自分が雰囲気を暗くしていることに気づいていなかったようだ。

実は、**私は近親者に3つのNGワードを課している。「つらい」「苦しい」「疲れた」の**

3つだ。厳しい状況は見ていればわかる。それをわざわざ口に出して、一体誰が幸せになるというのだろうか。

ちなみに、いまの私は原発不明ガンの末期、ステージⅣで、介護保険上は要介護3だ。介助なしでは生活が続けられないレベルなのだが、**がん告知から「つらい」「苦しい」「疲れた」という言葉を口にしたことがない。**もちろん主治医には、正直に症状を話しているが、ほかの人から体の具合を聞かれたときは、必ず「元気で〜す」と答えている。

不思議なことに、そう話していると本当に元気が湧いてきて、ラジオや文字の仕事は順調に続いている。もちろん、テレビや大手新聞からは干されているが、それは別の要因だ。

モリタク教授の
ここがポイント

- 成功するためには運の力が必要
- 運は才能や努力を超える力を発揮する
- チャンスは運のよい人のところにやってくる
- 運を変える最も手っ取り早い方法は、運のよい人にかわいがられること
- 「つらい」「苦しい」「疲れた」は絶対に言ってはいけない3大NGワード

Chapter 3 人生に関するモリタク流「常識」と「非常識」

Message

25

世の中
ウソだらけだからこそ、
できる限り
その逆を行ってみる

ウソをついてはいけない。ウソがバレたときに信頼を失うだけでなく、**ウソを守るために新たにウソをつく必要が生まれて、がんじがらめになってしまう**からだ。

真実を隠すこともウソをつくこと

私はずっと「ウソをつかない」ことを信条にしてきた。一度ウソをついてしまうと、そのウソを守るために新たなウソをついたり、行動を制約されてしまうからだ。

たとえば、あなたが食べ物にコショウをかけるのが大好きだったとしよう。にもかかわらず、「ボクはコショウが大嫌いなんです」という小さなウソをついたとする。

それ以降、あなたはラーメンを食べるときも、チャーハンを食べるときも、常に周りに知り合いの目がないか、気にして暮らさないといけなくなる。こっそりとコショウをかける姿を、誰かに見られるわけにはいかないからだ。

また、おしゃべりをするときにも、自分の「コショウ嫌いキャラ」と発言が矛盾しないか、考えながら話さなければならなくなる。興《きょう》が乗ったときほど、ついつい本音が出てしまうから、ウソを守り続けることは実は相当むずかしいし、ストレスになる。

一方、常に正直であれば、何も考える必要はない。本当のことはひとつだから、それに基づいてしゃべり、行動すれば、矛盾が露呈することは何もない。つまり、ストレスなしの暮らしができるのだ。

真実を隠すというのもウソをつくことの一環だ。

実は、私も短いあいだだが、真実を隠さざるを得なくなったことがある。ガンの告知を受けた直後だ。私が地元の病院で、医師からステージⅣのすい臓ガンで余命４カ月という告知を受けたのは、２０２３年11月のことだった。

しかし、私はその告知を受け入れなかった。腫瘍《しゅよう》マーカーの数字は正常値だったし、超音波内視鏡ですい臓を検査しても、何ら病変が見られなかったからだ。

そこで、私は東京のふたつの病院で、ガン診断の名医と呼ばれる医師からセカンドオピニオン、サードオピニオンを受けた。驚くことに、ふたりの医師の診断もステージⅣのすい臓ガンだった。名医が口を揃えた以上、その意見は受け入れざるを得ない。私は、地元の医師と相談のうえ、告知を受け入れることにした。12月15日のことだった。

ただ、当時は仕事もぎっしり詰まっていたし、なし崩し的に情報が漏れると大きな混乱が生じる。そこで、マネージャーとレギュラー出演している番組スタッフが相談して、情報解禁の準備に入ることになったのだが、それにはそこそこの時間が必要になる。

私は可能な限り、その準備時間を短縮してほしいと懇願した。その間、黙っていないといけないからだ。

結局、12月27日にプレスリリースを出して発表し、私はその日から抗ガン剤治療をスタートした。そのときに打った、たった1回の抗ガン剤の点滴が合わなかったため、私は生死の境をさまようことになり、大騒動になってしまった。

だが、私にとっての苦境は、その前のガン宣告を受け入れた12月15日から始まっていた。発表までの期間は、ガンについて本当のことをしゃべれない。真実を黙っていなければならないことは、私にとって大きなストレスだったのだ。

せめて可能な限りウソの少ない人生を送ろう

世間のサラリーマンと比べれば、私のそんなストレスなど、本当に小さな問題なのかもしれない。たとえば、銀行や証券会社のエコノミストたちだ。彼らと個人的に話していると、いまの株式相場が完全にバブルになっていて、早晩大きな下落が避けられないことを認識している人が多い。

しかし、彼らは決してそのことを公言しない。そんなことをしたら、投資資金を集めることが、できなくなってしまうからだ。だから、**「株価上昇は、まだまだ継続します」と心にもない予想を発表せざるを得ない。**

もし自分が、彼らの立場だったらどうするか。とりあえず、本当のことを言おうと行動するだろう。しかし、そうした行動は上司たちに抑え込まれる。結局、会社に辞表を叩きつけるしか方法がなくなるだろう。

もうひとつの事例は、大手メディアの財政に関する論説だ。

ずっと続いてきた緊縮政策によって、日本政府が抱える借金は、日銀を含む「統合政府」で資産を含むネットで見ると、実質ゼロになっている。また、一般会計の基礎的財政収支(プライマリー・バランス)は、ほぼプラスマイナスゼロになっている。

借金もなければ財政赤字もない。世界でトップクラスの健全財政を日本は実現している。にもかかわらず、増税を進めたい財務省に忖度《そんたく》して、大手メディアは「日本の財政は借金依存がますます進んで、非常に厳しい状態にある」と繰り返している。

本当のことを言ったら、財務省から税務調査がやってきたり、情報提供が制約されたりと、さまざまな嫌がらせを受けるからだ。

ときには、その嫌がらせは会社の存続さえ脅《おびや》かす。マスメディアの役割は、本来、権力を監視し、権力者の利権や癒着《ゆちゃく》や腐敗を追及することだ。しかし、そうした本質的な役割を放棄してでも、保身が優先されているのだ。

もし、私が記者だったら、本来の役割を果たそうと行動するだろう。しかし、そうした行動を始めた途端に第一線からはずされ、一生冷や飯を食わされることになるだろう。

自分自身の職業人生を振り返ってみると、実は、私はウソつきだったと思う。真実と異なることを言った覚えはないが、「これは言ってはいけない」という上司の指示には従うことが多かった。そうしないと、暮らしが守れない、子育ての費用が捻出できないと考えたからだ。

最近、**私が言いたい放題になっているのも、子育てが終わり、年金が受給できる年齢になって生活に不安がなくなったからだ。とりわけガン告知されてからは何も怖いものがなくなって、ウソをつく必要がいよいよなくなった。**

「本当のことを言うと大手メディアから干される」といわれているが、私は、いまや実際に干されている。だが、本当のことを言ったら仕掛けられるスキャンダルの捏造《ねつぞう》や暴露、スラップ訴訟も怖くなくなった。

そもそも、もうすぐ死んでしまう人間を抹殺《まっさつ》する手間など、かける必要がない。単に無視しておけば、この世から消えていくからだ。

このように「ウソをついてはいけない」と口で言うのは簡単だが、それを実行するのは、大きな犠牲を覚悟のうえでしかできない。だからと言って、ウソをつくことに慣れてしまって罪悪感がマヒし、年がら年中ウソをつき続けてもいけない。

どこまでウソをついているかは、自ずとわかる。私が好きな人、尊敬している人は、ウソの少ない人だ。

だから、**「ウソをついてはいけない」という表現は正確ではなくて、「可能な限りウソの少ない人生を送るべきだ」という表現が正しい**のかもしれない。

私も人生の末期を迎えて、ようやくそれに近いことができるようになった。だからこそ、**いま、私は残された時間を「本当のことを言う」ことに費やしている**のだ。

モリタク教授のここがポイント

- 一度ウソをつくと、そのウソを守るためにさらなるウソをつくことになる
- 常に正直であればストレスなしの暮らしができる
- 真実を隠すのもウソをつくこと
- 本当のことを言うのは大きな犠牲を覚悟する必要がある
- 可能な限りウソをつかない人生を送ろう

Message

26

「ダメ元」でチャレンジする人に、必ずチャンスが訪れる

人生の大部分は運で決まる。だからチャンスがきたときには、迷わずつかむべきだ。躊躇《ちゅうちょ》したら二度と出会えない。**チャンスの女神に後ろ髪はない**からだ。

竹内涼真さんとKくんを分けた、たったひとつの差とは?

いまや押しも押されもせぬ人気俳優となった竹内涼真《たけうちりょうま》さんのデビュードラマが何か、ご存じだろうか。2013年に放送されたフジテレビのミニドラマ「車家の人々」というのが正解だ。

なぜ、そんなことを私が知っているのか。

実は、そのドラマで、車家のお父さんを演じたのが私だったのだ。お母さんは友近《ともちか》さん、長男が3代目Jソウルブラザーズの岩田剛典《いわたたかのり》さん、そして次男がオーディションで選ばれた竹内涼真くんという配役だった。

ドラマが放送されると、世間から非難が殺到した。

「モリタクと友近の夫婦から、あんなに美しい息子が、ふたりも生まれるはずがない」というのだ。たしかにその通りなのだが、知ったことではない。あくまでもドラマ上の配役なのだ。

ただ、オーディション以前は素人だった竹内涼真くんが、ビッグになったいまでも、私のことを「お父さん」と呼んでくれるのは、ちょっとした自慢だ。

ここで、ただひとつ明らかなのは、竹内涼真くんは、このドラマのオーディションに応募して、そのチャンスを活かしたからこそ、いまがあるという事実だ。

実は、私のゼミにKくんという役者志望の学生がいた。手前味噌《てまえみそ》に思われるかもしれないが、K君は竹内涼真くん並みのイケメンだったし、好感の持てる性格だったので、正直言って私は彼の未来に期待していた。

「車家の人々」で知り合った制作関係者から、別のドラマのオーディションがあるという話を聞いたとき、私の頭にはすぐにKくんの名前が浮かんだ。

私は、そのスタッフに「うちのゼミからKくんを応募させるので、見てもらえませんか」と頼んだところ、快諾してくれた。もちろんKくんも、やる気満々だった。

ところが、オーディションの翌日、スタッフから連絡があった。Kくんがオーディションに来なかったというのだ。

私はKくんに「何かあったの？」と問い詰めた。Kくんの回答は、「オーディション直前になって、自分なんかが合格するはずがないとビビってしまった」というものだった。

スタッフによると、少なくとも1次選考は通過させるように手筈《てはず》を整えていたという。K君は、そのスタッフの面目もつぶしてしまったのだ。もちろん私も、それ以降、怖くて新しいオーディションを紹介することはできなくなった。

世の中、自分の思い通りにはならない。とくに、役者の世界で役を得ることができる確率はとても低い。有名俳優でも、オーディションに落ち続けた経験を持っている人は数多くいる。

だからこそ、**チャンスに背を向けてはならない**。

結局、あれから10年以上が経過し、Kくんは相変わらず役者の道を目指しているというが、いまのところ鳴かず飛ばずだ。

「さすがにそれはムリかな」レベルなら迷わずトライしてみる

私はずっと「ダメ元」で生きてきた。とりあえずやってみる。だが、ダメだったら、さ

っさと切り替えて、別のチャンスに挑戦するのだ。

もちろん、それでうまくいく保証は何もない。

メッセージ「**23**」でも触れたように、私はずっと、歌手としてCDデビューをしたいと思ってきた。前の事務所のとき、スタッフがデモテープを作ってレコード会社に持ち込んでくれた。

だが、すべて相手にされなかった。それでも機会があるたび、挑戦を続けている。

先日、東京スカパラダイスオーケストラの谷中敦《やなかあつし》さんが、私が出演しているニッポン放送の番組「垣花正あなたとハッピー!」のゲストに来てくださったときも、放送終了直後の谷中さんを捕まえて、即席オーディションをしてもらった。そして、3秒で落とされた。

だが谷中さんは、私と垣花正アナウンサーで結成するユニットに、「ホワイトバタフライズ」という名前をつけてくれた。モンシロチョウのことだ。

ほかのチョウは、天高く舞い上がることがあるが、モンシロチョウは絶対にそんなことはない。常に低空飛行だ。そんな意味が含まれている。

ホワイトバタフライズは、イベントではバリバリの現役だ。

これまで5回のステージを経験している。最も輝いたのは番組15周年のイベントで、何と東京国際フォーラム・ホールAで4000人のお客さんを前にして歌ったときだ。とてつもない快感だった。

ただし、ホワイトバタフライズの最大の欠点は、歌がうまくないことだ。そのため、いま実力者のリードボーカルを迎え、オリジナルの楽曲を制作すべく、あらゆるチャンスに挑んでいる。

ダメ元という意味では、B宝館に展示するためのコレクションの「おねだり」もずっとしてきた。「さすがにそれはムリかな」と思っても、とりあえず「いただけませんか」と聞いてみる。

世の中には物欲のない人がそこそこいて、100回に1回くらいの確率でお宝が手に入るからだ。

アーチェリーのロサンゼルス、アテネ五輪メダリストの山本博《やまもとひろし》さんからは、アトランタオリンピックのユニフォームをいただいた。

ビートたけしさんには、前述した「ビートこけし」以外にも、「ベネチア映画祭の金の獅子と銀の獅子をもらえませんか」と話してみたことがある。

さすがに、それはムリだったが、**ブリキのおもちゃ作家が作った「コマネチをするビートたけし」のブリキ人形をいただいた。ゼンマイを巻くと、たけしさんが動き始めて最後に「コマネチ」をするというもので、この世にたったひとつしか存在しない貴重品**だ。

B宝館には、そうして集めたコレクションがたくさんあり、それがB宝館を唯一無二の存在にしているのだ。

同じくメッセージ「**23**」でも紹介したように、有名人の名前をもじったグッズにサインをしてもらう「有名人ダジャレグッズ」というのも、B宝館独自のコレクションだ。

世界的な人気女優のキャメロン・ディアスのサイン入りキャラメル「**キャラメルディアス**」、トム・クルーズのサイン入りルーズリーフ「**トムクルーズリーフ**」、矢口真里《やぐちまり》さんのサイン入り蛇口《じゃぐち》「**蛇口真里**」など、いまでは700人以上のグッズが集まっている。

集めるコツは、断られたら深追いしないこと、サインをしてもらったら心の底から喜ぶこと、そして何より重要なのはチャンスを逃さないことだ。

私は、自分が出演するテレビやラジオの台本は、ほとんど読まない。だが、事前にどのようなゲストがやってくるのかは、細かくチェックしている。そのチェックに基づいて、あらかじめサインのベースとなるグッズを用意するのだ。

有名人ダジャレグッズコレクションは、おそらく私しかやっていない。素人は色紙にサインをもらうことはできても、グッズを持っていくことは困難だ。

一流芸能人は、そもそもそんな恥ずかしいことはできない。**常に二流のポジションを確保し続けないと、こんなコレクションはできない**のだ。

２０２４年に史上最大の下剋上《げこくじょう》を実現し、プロ野球日本一となった横浜ＤｅＮＡベイスターズの三浦大輔《みうらだいすけ》監督には、「ランボルギーニミウラ」のミニカーにサインしてもらった。ランボルギーニミウラを持ってきたファンは私以外、誰もいなかったそうだ。

モリタク教授の ここがポイント

- ☑ チャンスが来たら、ためらわずにつかむ
- ☑ 竹内涼真さんとKくんで明暗を分けたのは、ルックスではなく気持ちの差
- ☑ とりあえずやってみて、ダメだったら、別のチャンスに挑戦すればいい
- ☑ 「さすがにそれはムリかな」レベルなら迷わずトライしてみる
- ☑ コレクションのコツは、断られたら深追いしないこと

Message
27

戦ううえで、「仲間」の存在は弱点にしかならない

私にとって、仲間を作る必要などまったくない。なぜなら、仲間がいると、むしろ人生を縛られてしまうからだ。

誰とも共闘せずに戦うほうが実は強い

私には友だちがいない。

何年か前までは、マンガ家でタレントのやくみつるさんが唯一の友だちだと思っていたのだが、あるテレビ番組でやくさんが、こう言っていた。

「ボクには友だちが、ひとりもいないんです」

ということは、やはり私には友だちはひとりもいないのだ。

ただ、**私は仲間が欲しいとは思っていない。むしろ、ひとりのほうがずっとよいと思っている。それは、他人を巻き込まない、そして他人に巻き込まれないため**だ。

私は、財務省と戦い、富裕層と戦い、冷徹な弱肉強食主義者と戦い続けてきた。

彼らは、とても狡猾《こうかつ》で、自分たちに盾突く人を徹底的に調べて、弱みを突いてくる。不倫や脱税や窃盗《せっとう》、痴漢など、スキャンダルを嗅《か》ぎ回り、それらを見つけると、メディアを動かして抹殺しにくるのだ。

仲間を作ると、そうしたときに仲間が巻き込まれてしまう。

逆に、私に問題がないとわかると、仲間が狙われる。そして、仲間のスキャンダルに私を巻き込んでいくのだ。

だから、私は「誰とも共闘しない」という方針を貫いてきた。それは独りぼっちになるということではない。誰とでも公平に、そしてオープンに付き合うということだ。

そもそも、**仲間を作るということは、「仲間外れ」を作るということにつながりかねない**。

また、仲間を作るということは、自分の時間を縛られることにもなる。

若い人は、ＳＮＳで仲間とつながることを優先している人が多い。しかし、そうなるといつもＳＮＳを気にする必要が出てくる。未読や既読スルーが非難の対象になるからだ。

その点でいうと、私のようにＳＮＳを一切やっていなければ、そうした非難にさらされることもなくなる。

誰とも共闘しないことの最大の利点は、そのほうがよほど強いこともあり得ることだ。

ベトナム戦争のとき、米軍が最も手を焼いたのが、執ように抵抗する「ベトコン」の存在だった。

敵が大規模師団であれば、空爆で一気に殲滅《せんめつ》することは可能だ。しかし、ベトコンはゲリラだから、どこにいるかわからない。軍の指揮命令系統で動いているわけでもないので、いつ襲ってくるのかもわからない。これほど始末に負えない対戦相手はいないのだ。

結局、最新兵器で武装し、大軍で戦った米軍は非力なベトコンにやられて、ベトナム戦争の敗者となってしまった。

ナチスドイツがパリに侵攻したときも同じだ。

ナチスが一番恐れたのは、パリ市民によるレジスタンス運動だった。ナチスドイツの兵士が、占領したパリの街を歩いている。すると、アパートの3階の窓がわずかに開いて、そこから突き出された銃口が兵士に向けられる。そうなると、おちおち街も歩けなくなってしまう。そうして、やがて強大な敵に勝利を収めるほどゲリラは強いのだ。

誰とも共闘しないというのは、他人任せにしないということ

誰とも共闘しないというのは他人任せにしないということも意味する。

以前、テレビ番組で、ならず者国家が攻めてきたらどうするのかという話題のときに、私が「竹槍1本でも戦う」と発言した部分だけを切り取られて、大炎上したことがある。

ただ、そのセリフには前段があった。

私は、「防衛を自衛隊任せにするのではなく、日本を守るために国民全員で戦うべきだ」と言った。そのうえで、次のように続けたのだ。

「だから、私に戦闘機を与えてくれるなら戦闘機で、戦車を与えてくれるなら戦車で、ロケットランチャーを与えてくれるならロケットランチャーで戦う。そうした装備が一切ない場合は、裏の竹林に行って竹を切り出し、竹槍1本でも戦う」

そうした姿勢は、私のこれまでの生き方そのものだ。**誰か仲間が助けてくれるとただひたすら待つのではなく、助けがこなくても、ひとりで戦う**。

それが仲間を作らない、誰とも共闘しないということの本当の意味なのだ。

「年収１０３万円の壁」の引き上げで、国民民主党の玉木《たまき》雄一郎《ゆういちろう》代表は、財務省に反旗をひるがえした。すると、不倫スキャンダルを暴露されてしまった。普通なら玉木氏だけでなく、国民民主党も社会的に抹殺されてしまうところだ。

ところが、財務省が進めてきた増税・増負担政策があまりに冷酷《れいこく》非情で、国民生活を破綻寸前まで追い込んでいたため、国民の意識は大きく変化していた。

「党代表のプライベートに関することよりも政策が大切だ」と多くの国民が判断したため、玉木氏は生き残ったのだ。

ただし、それは薄氷《はくひょう》を踏むようなギリギリの選択だ。一歩間違えれば、国民民主党全体が吹き飛んでしまうような事件だった。

いくら仲間がいなくても、「ならず者」は家族に狙いを定めてくる。

たとえば、**消費税引き上げを二度も延期し、「反財務省」の姿勢を貫いた安倍晋三元総理にはスキャンダルがなかった。そのため、財務省が目をつけたのが天真爛漫《てんしんらんまん》な昭恵《あきえ》夫人**だった。

いわゆる「森友《もりとも》学園問題」をでっち上げ、さも、そこに昭恵夫人が関与したかのような情報操作を行ない、そのうえで「決裁文書の改ざんまでして、昭恵夫人を守った」と安倍元総理に恩を売りつけた。ゆえに、安倍元総理は消費税率10％への引き上げを呑《の》まざるを得なくなったのだ。

私は、配偶者が巻き込まれる事態は避けられないし、それで仕方がないと思っている。そうしたリスクがあることを覚悟して、結婚をしているからだ。

その意味で、冒頭で述べた「ボクには仲間がいない」というのは厳密には正しくない。**「ボクにはカミさん以外の仲間はひとりもいない」というのが正確な表現**なのだ。

また、私は仲間を作らない代わりに、誰とでもオープンに付き合うようにしていると述べたが、もちろん、無制限に付き合うわけではない。

詳しくは次のメッセージ「**28**」で触れるが、たとえば、ガンの発覚後、私のところには2000件を超えるアドバイスのメールがきた。私はそうしたメールに1回だけは返信をしたが、さらにメールのやり取りを続けたいとか、直接話をしたいという人が結構たくさんいる。

そういう人に対して私は、「ギャラを負担してくれるなら、やり取りを継続する」と伝えている。

料金は、メールが1回1万円で最低10回分セット、直接の会話は1分あたり4000円で最低30分からだ。

高いと思われるかもしれないが、毎月100万円以上の医療費を投じて延命し、生み出した時間を提供するのだから、私は高いとは思っていない。

ただし、この条件を示した途端に99％の人が、その後の連絡を自主的に絶ってくる。

「森永さんの命を救うためだったら何でもします」

そういった**彼らの言い分が真っ赤なウソであることがすぐに判明してしまった**ということである。

モリタク教授の
ここがポイント

- 仲間がいると人生が縛られる
- 誰とも共闘せずに戦うほうが実は強い
- ひとりのほうがよいのは、他人を巻き込まず、他人に巻き込まれないから
- 仲間を作ることは、仲間外れを作ることにもなる
- 誰とも共闘しないのは、他人任せにしないという意味も持つ
- 助けがこなくても、ひとりで戦うという姿勢が大事

Message

28

必ずしも助けてくれた人に、「借り」を返す必要などない

誰かに何かしてもらったとき、その人にお返しをしようとすると人生を縛られてしまう。**「借り」は必ずしも本人ではなく誰かに返せばよい。そうするだけで人生はラクになる。**

感謝の気持ちの表し方は人それぞれでいい

人間はひとりでは生きられないから、あらゆる場面で人の助けを借りることになる。問題は、その借りをどのように返すか、だ。多くの人が、助けてくれた人に借りを返そうと行動するのだが、そうすると人生が縛られてしまう。

年賀状を考えると、わかりやすいかもしれない。家に届いた年賀状すべてに返信をすると、次の年は、より多くの年賀状が来るようになる。それにすべて返信をすると、翌年は、さらに年賀状の数が増えて、やがて身動きが取れなくなってしまうのだ。

年賀状ならまだしも、これがお中元とかお歳暮だと、必要な費用がどんどん増えて、生活を脅かすことになりかねない。

私のガン罹患が明らかになったあと、私のところにはお見舞いや、治療のアドバイスのメールが殺到した。その数は軽く2000通を超えた。

私は原則として、1回だけはお礼のメールを出したが、2回目以降は一切返信しなかった。そんなことをしたら、どんどんメールが増えて、その対応だけで時間がなくなってしまうからだ。

もっと困ったのは、いろいろなものを送ってくれる人がたくさんいたことだ。なかでも、送り主が「ガンの治療に役立つ」と信じているものが、山のように届けられた。

健康になる奇跡の水、重曹《じゅうそう》とビタミンC、ニンニク、サプリメント、キノコ、海藻、キチン・キトサン、植物のタネなど、種類はさまざまだ。なかには得体の知れない液体をボトルに詰めたものとか、農薬から独自に作った新薬などというものまであった。

もちろん、得体の知れない液体を飲むわけにはいかない。正直に言うと、私は送られてきたものを口にすることはなかった。

見ず知らずの人から送られたものを体のなかに入れるのが怖かったし、効果を確信することもできなかったからだ。

それどころか、お礼のメールもほとんど出さなかった。もし出したら、同じものが継続的に送られてきて収拾がつかなくなることが目に見えていたからだ。

ただ、**私のところに連絡をくれたり、ものを送ってくる人の大部分は、善意にもとづいて行動している。その気持ちに関しては、もちろん感謝の気持ちを持ってはいるのだが、それを直接返す必要はない**と私は考えている。

たとえば、ガンの治療に役立つ食品とかサプリに関しては、それを分類整理して、世間ではこんなことが信じられている、ということを書籍や雑誌記事で公表した。つまり、**個人に還元するのではなく社会に還元した**のだ。

そうした「借りは誰かに返す」という行動は、仕事をするうえでも、とても重要だ。私はこれまで多くの人の手を借りて、仕事を続けてきた。

ただ、直接お返しはしていない。もしお返しをすることを優先すると、私はその人の仲間になる、あるいは派閥に入ってしまうことになるからだ。

孤独に耐えられる人生を築くことが重要になる

私の仕事の信条は、前述したように「誰とも共闘しない」ということだ。

仲間に巻き込まれたり、仲間を巻き込んだり、仲間外れを作らないためである。**借りを**

本人に返すという原則は、そうした私の生き方を壊してしまうのだ。

もちろん、もうひとつの生き方があることを私は否定しない。

親切にしてくれた人にていねいにお礼をして、仲間の輪を広げていく。その仲間と一緒にコミュニティを作って支え合う。

かつての日本はそうだったし、いまでも田舎には、そのようなコミュニティが色濃く残っている。

ただし、そうした**コミュニティが「窮屈」だということも事実**だ。

田舎に移住した友人の話を聞くと、村祭りで神楽《かぐら》を踊れるようになって、初めて正式な村のメンバーとして認められるという。ただ、そのためには10年近い年月をかけ、近隣住民との絆《きずな》を深めていかなければならない。

イノシシがワナにかかったり、シカが交通事故に遭うと住民総出で解体して、肉を分かち合う。私が知人の家を訪ねると、誰にも言っていないにもかかわらず、近隣住民が一升《いっしょう》瓶《びん》やツマミを持って集まってきて、朝まで宴会になる。

それが、貧しいなかでも豊かな暮らしをするためのひとつの方法であることは事実なのだが、私のような一匹オオカミを自認する生き方とは相容《あいい》れない。「自由」と「自由を実現するための時間」が奪われてしまうからだ。

おそらく、これからは「クリエイティビティ」を問われる時代がやってくる。定型的な仕事は、AIやロボットがやるようになり、人間に残された仕事はクリエイティビティを問われる〝アート〟に限られていくからだ。

自分だけの世界を作るアーティストは、孤独にならざるを得ない。だから、**社会に支えられていることへの感謝の気持ちを持ちながらも、孤独に耐えられる人生を築いていくことが、これからは重要になる**のではないだろうか。

モリタク教授の ここがポイント

- 「借り」は必ずしも当事者ではなく、誰かに返せばよい
- 感謝の気持ちの表し方は人それぞれでいい
- 助けてもらった人にお返しをすると、不必要なつながりが生じてしまう
- コミュニティには「支え合い」と「窮屈」という相反する側面がある
- アーティストとして生きるためには、孤独に耐えられる人生を築くのが重要

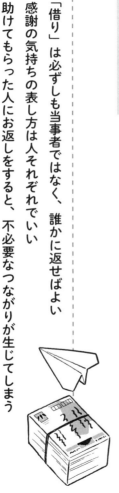

Message

29

「いつかこんなことができたらいいな」レベルの夢は、ほぼ実現しない私は、夢を持ってはいけない、と強く思う。そうではなく、人生で持つべきものはタスク（課題）だ。

「夢を持って生きることが重要だ」という考えは間違っている

多くの人が、「夢を持って生きることが重要だ」というアドバイスをする。

しかし、私は、それは間違っていると思う。

「いつかこんなことができたらいいな」という夢は、実現しないまま終わる可能性が高い。というより、ほとんど実現しないのだ。

もし、何かを成し遂げたいのだったら頭のなかで妄想を広げるのではなく、すぐに取り組んで毎日1ミリでもよいから前進することだ。

メッセージ「**23**」でも説明したように、私は20年も前から、童話作家になって絵本を出したいと考えていた。

私の書く本は寿命が1年足らずしかない。そこで、もっと時代を乗り越えて生き残る作品を書きたいと思ったのだ。

だが、絵本の世界は一般の書籍と比べて市場が狭い分だけ、競争がとても激しい。自分で書きたいと思っても、そう簡単に出版は実現しなかった。私は毎日、構想を練り、掲載してくれる媒体には、片っ端から自作の童話を載せていった。

ただし、その数があまりに少なかったので、私は一計を案じた。私が書いた経済関係の書籍の「あとがき」を、すべて童話に変えたのだ。また、新聞連載の1回分をまるまる童話にしたこともあった。

しかし、私の打った布石に誰も反応してくれなかった。厳密に言うと軽い引き合いは数回きたのだが、話はすぐに立ち消えになってしまった。そうして20年という月日があっという間に過ぎていったのだ。

幸運は突然訪れた。

講談社から絵本を出しませんかというオファーがきたのだ。もちろん、私がこれまで発表した作品を見て、さらに私はずっと童話作家になりたいと言い続けてきたことを踏まえてのオファーだった。

私は、一層の力を込めて作品を書いた。それが、『絵本でわかる経済のおはなし バブルが村にやってきた！』（２０２5年1月刊行）という形で結実した。

私は、この絵本に40年にわたる経済研究のエッセンスを詰め込んだ。個人的には、満足できる仕上がりの絵本となった。

ただ、私はこの期《ご》に及んで気づいてしまった。

「これが本当に自分のやりたかったことなのか？」

メッセージ「**23**」でも触れたように、児童向けの絵本にはたくさんの制約がある。むずかしい経済用語は使えないし、残酷なシーンもご法度《はっと》だ。そして、何よりハッピーエンドが求められる。

悩んだ私は決断した。童話ではなく、大人も読む寓話を書けばよいのだと。そして、『余命4か月からの寓話』を２０２４年12月に刊行したのも前述の通りである。

いまも芦屋川の底に沈んでいる私の恋心

もちろん、うまくいっていない課題も存在する。童話作家になるということと同時に目標として掲げたのは、歌人になるということだった。

私の周囲は経済関係の仕事をしている人が多く、心が汚れていることが多い。その点、歌人は経済のことなど気にせずに、ずっと恋のことを考えている。

一度、ＮＨＫの番組で、女流歌人とふたりで神戸の街を散策するという収録があった。他愛のない話をしながら、ぶらぶらと街歩きをしているうちに、**女流歌人のあまりの純粋《じゅんすい》無垢《むく》な美しい心に触れて、私は彼女に恋をしてしまった**。

そして、番組のエンディング、芦屋川《あしやがわ》の河原で私は短冊を手に持ち、彼女への思いを込めた歌をしたため、彼女に差し出した。

女流歌人は、私にこう言った。

「森永さん、この歌は芦屋川に流しましょうね」

だから私の恋心は、芦屋川の底にいまでも沈んでいるのだ。

その後、ＮＨＫから短歌の番組に呼ばれた。そして、番組の最後で私はこう言った。

「ボクはこれから、歌人として生きていきたいと思います」

司会者はこう答えた。

「森永さん、いま日本で短歌だけで食べていけているのは、俵万智《たわらまち》さん、ひとりしかいないんですよ」

私は、胸を張ってこう言った
「わかりました。では、2番目を目指します」
その後、短歌関係の仕事の引き合いは一切ない。やはり才能がないのだろう。
ただ、思いついたときには、いつも歌を詠み続けている。

枝先で 日々積み重ね 膨らめど 咲かずに散りゆく 花のあるらむ

モリタク教授の ここがポイント

- 「夢を持って生きることが重要だ」というアドバイスは間違っている
- 「いつかこんなことができたらいいな」レベルの夢は、ほぼ実現しない
- 何かを成し遂げたいなら、すぐに取り組み毎日前進すること
- 経済関係の仕事をしている人の心は汚れていることが多い
- 何かに夢中になっていると、自分のやりたいことが次々に生まれる
- 何歳になっても恋をしたっていい

Message

30

「前のめり」で生き抜こう

人生に迷いがあるから、危機のときに不安を抱え、うろたえる。迷いがなければ、短距離ランナーとして死ぬまで走り切ることができる。

「モリタクイズム」を叩き込むため6カ月間は生き残りたい

ガンで余命4カ月の宣告を受けたとき、医師が不思議そうに聞いてきた。

「たいていの患者は、余命宣告を受けると、それまで行けなかった旅行に出かけたり、高級レストランで食事をしたりと、残りの人生を楽しもうとする。それをなぜ、あなたはやろうとしないのですか」

私は、旅行や高級レストランに出かけたいと微塵《みじん》も思わなかったし、実際に出かけてもいない。それは、残された人生で実行すべき、はるかに重要な課題を抱えていたからだ。

課題は3つあった。

ひとつは書きかけだった書籍を仕上げること。ふたつ目はラジオの生放送を続けること。

そして3つ目は、獨協大学で新しくゼミに迎える2年生をしっかりと育てることだ。

最初に取りかかったのは、9割方完成していた書籍の仕上げだ。入院中のベッドのなかで口述したものを、ＩＴ技術者をしている次男がテキスト化してくれて、書籍は完成した。『書いてはいけない』というタイトルの書籍は、その後ベストセラーになり、重版を繰り返して30万部を超えている。

その本のあとも、書き残さなければならないことが次々に浮かんできた。そのため、1年間で出版した書籍は、共著も含めると20冊を超えた。いまは少しペースが落ちたが、相変わらずハイペースの執筆は続いている。

もうひとつのラジオは、リスナーさんからの膨大なメールに背中を押された。

彼らは、「あなたの声が生活の一部となっているのだから、勝手に休まないでほしい」と言ってきたのだ。私はラジオのレギュラーを6本やっているのだが、その声に押されて、体の状況にかかわらず一度も休まずに放送を続けている。

そして、**3つ目のゼミ生に関しては、私が生き残らなければならないと考えた最大の理由にもなった**。

私の大学では、1年生の秋に、ゼミに参加する学生の選考を実施している。ガン宣告を受けたときは、すでに選考を終えていたが、ゼミの授業は2年生になった2024年4月から始まるので、私はゼミ新入生たちに、自分の考えを何ひとつ伝えられていなかった。

それは、あまりに無責任だと考え、少なくとも彼らに「モリタクイズム」を叩き込むために必要な６カ月間は生き残っていたいと考えたのだ。

本音を言えば、私は延命にさほどこだわってはいない。やりたいことをやりたいようにやってきたから、さほど思い残すことはないのだ。

ただ、ゼミ生の育成となると事情が違う。やり残したことをやるためには延命が必要になる。だから、いまは大金を投じて自由診療の治療を併用している。そのため月ごとの持ち出しは、軽く１００万円を超えている。

先日、個人通帳を確認したら、この１年間で預金残高が２０００万円も減っていた。ただ、幸か不幸か、これまで節約で貯めた預金と、株式や投資信託で儲けたお金が３０００万円以上あったので、あと何年間かは、いまの治療を続けることができる。

命をカネで買っているような状況なのだが、お金を残して死んでも何の意味もないので、そのことは気にしていない。

気にしていることは、ただひとつ、残された時間をどのように過ごすことが最も大切か、ということだ。

いまの私はわき目もふらずに走る短距離ランナー

ゼミ生の育成は、ある程度メドが立った。あと2年間頑張れば、私のゼミ教育は完成する。ラジオも、やれるところまでやる。

残された課題は、アーティストとして何を残せるのかということだけだ。繰り返しになるが、いまのところ、イソップを超える作品数の寓話を書き上げること。歌手として1回でも多くのステージに立ち、あわよくばCDデビューを果たすこと。そして、ミニカーブランドのマジョレットや、グリコのおもちゃの図鑑を完成させることがメインテーマだ。

これらの目標を達成するため、私は全速力で走っている。

その意味で、いまの私は短距離ランナーだ。長距離ランナーは、ペース配分とか、給水とか、ほかの選手との駆け引きなど、さまざまことを考える。だから、迷いも生まれる。

一方、**短距離ランナーは号砲が鳴って走り始めたら、わき目もふらずに走ることしか考えない。それが、私が目指している人生の手仕舞《てじま》いの仕方**なのだ。

役者は舞台の上で、落語家は高座で、歌手はステージで死ぬのが最も幸せな最期だといわれる。**私の場合は、沖縄のビーチに腰かけて海風に吹かれながら、突然天から降ってきた最後の寓話をメモして死んでいくというのが理想的**かもしれない。

実際、貯まったマイレージの消化目的とともに、死に際の〝ロケハン〟をするためもあって、ここのところ毎月、沖縄に通っている。

ただ、沖縄の人に、「そんなことを言うものではない」と叱られてしまった。

もう少し長生きしてほしい気持ちもあると同時に、そんなことをされたら、沖縄のイメージが悪くなってしまうと言うのだ。

私も、その通りだと思う。

モリタク教授のここがポイント

- ☑ **旅行や高級レストランに出かけるより大事なことはいくらでもある**
- ☑ **延命に興味はないが、若い学生だけはしっかり育てたい**
- ☑ **長距離ランナーは考えることが多いから迷いも生まれる**
- ☑ **短距離ランナーとして人生を全力で走り切るのが理想**

Message

31

人生で一番大事なのは、「一生のパートナー」を見つけること

～「おわりに」に代えて～

パートナー、配偶者選びは人生最大の選択だ。そこで間違えると人生を棒に振ることになる。ただ、棒に振っている人は、とてつもなく多い。

本書で、私は「誰とも共闘をしない」という信条を繰り返し述べてきた。ただ、そこには唯一の例外がいる。それは私の妻だ。

配偶者になると、いくら別人格だと主張しても通用しない。だから、妻に何かあれば私が巻き込まれるし、私が何かをしてしまうと妻を巻き込んでしまう。つまり、夫婦は一心同体といえる。

私の人生の最大の幸運は、いまの妻と結婚できたことだ。

妻は、私の無謀な挑戦のジャマを一度もしたことがない。経済企画庁の仕事が面白くなってしまった私は、「役所に残りたい」と妻に告げた。もちろん給料が大幅に下がるので、月6万円の生活が避けられなくなるという話も同時にした。

そのとき妻は、**「やりたいことをやればいいんじゃない。暮らしは何とかするから」**と事も無げに言った。

結果的には極貧を避けるため、私はシンクタンクへの転職を決意したのだが、そのときの妻の優しさと覚悟は、いまでも心に焼きついている。

「とてもよいパートナーを選びましたね」と、妻のことを知る人はよく言う。

だが、実は選んだのではない。ほかに選択肢がなかったのだ。

私は子どものころから女性にモテなかった。大学入学後も、あちこちの女性に猛烈なアプローチをしたが、誰も私を相手にしてくれなかった。「森永はキモイ」と、どの女性も口を揃えて言う始末だったのだ。

そのなかで、**唯一、私のことを「キモイ」と言わなかったのが妻だ。いまでもありとあらゆる場面で私は妻に罵倒《ばとう》されるが、結婚してから40年以上、妻から「キモイ」と言われたことは一度もない。**

私は、パートナー選びに成功したというより、単に運がよかっただけだと考えている。たった1枚残っていた宝くじを買ったら、それが1等賞だったようなものだ。

だから、パートナー選びに関して偉そうなことは言えない。だが、それでも周りを見ていると、「こんな相手を選ばなければ、もっと幸福な人生を送れるのにな」と思う人がたくさんいる。

第一の悪いパートナーのパターンは、暴力を振るったり、怒鳴ったりと、恐怖の支配をしてくる人だ。

厳密に言えば、それは法律に触れるので、決して許されることではないのだが、泣き寝入りしている人があまりに多い。

しかし、注意深く相手を観察していれば、暴力の気配を感じることはできるのではないか、と思うのだ。

もうひとつ悪いパートナーは見栄を張る人だ。

たとえば、配偶者が一生懸命働いて稼いだカネを、湯水のごとく使い果たしてしまうだけではない。

配偶者の見栄のために都心の一等地に住まわされたり、必要もない高級車に乗ることを強いられたりすることで、人生が縛られてしまうのだ。

そして、**私の考える最悪のパートナーは、配偶者が取り組むアーティストとしての活動を妨害してくる人**だ。

アーティストの活動はカネにならないから、配偶者にとって金銭的なメリットがない。

だから、「そんなことをするんだったらお金を稼いできて」と、活動を妨害してくることが多いのだ。

配偶者と夢や課題を共有する必要はない。目標が同じだと、微妙な違いが対立を生む可能性があるからだ。

むしろ、無関心であることのほうがよいかもしれない。

私の妻は、基本的に私のアーティスト活動に無関心だ。おそらく、この本を読むこともないだろう。

ただ、B宝館の店番や、歌手活動のサポートなどを含め、あらゆるところでいつも支えてくれている。

その妻に感謝を込めて、本書を締めくくりたい。

2025年1月

森永卓郎

切りとり線

★読者のみなさまにお願い

この本をお読みになって、どんな感想をお持ちでしょうか。祥伝社のホームページから書評をお送りいただけたら、ありがたく存じます。今後の企画の参考にさせていただきます。また、次ページの原稿用紙を切り取り、左記編集部まで郵送していただいても結構です。

お寄せいただいた「100字書評」は、ご了解のうえ新聞・雑誌などを通じて紹介させていただくこともあります。採用の場合は、特製図書カードを差しあげます。

なお、ご記入いただいたお名前、ご住所、ご連絡先等は、書評紹介の事前了解、謝礼のお届け以外の目的で利用することはありません。また、それらの情報を6カ月を超えて保管することもありません。

〒101―8701（お手紙は郵便番号だけで届きます）
祥伝社　書籍出版部　編集長　栗原和子
電話03（3265）1084
祥伝社ブックレビュー　www.shodensha.co.jp/bookreview

◎本書の購買動機

＿＿＿新聞の広告を見て	＿＿＿誌の広告を見て	＿＿＿新聞の書評を見て	＿＿＿誌の書評を見て	書店で見かけて	知人のすすめで

◎今後、新刊情報等のパソコンメール配信を　　希望する　・　しない

◎Eメールアドレス　　※携帯電話のアドレスには対応しておりません

@

１００字書評

森永卓郎流「生き抜く技術」31のラストメッセージ

住所

名前

年齢

職業

本書の著者、森永卓郎先生は1年以上に及ぶガンとの闘いの末、２０２５年1月28日、ご逝去されました。森永先生は、お亡くなりになるおよそ3週間前まで、若い人、そして今後の日本のためを思って、本書の原稿を執筆してくださいました。その熱いメッセージが、読者の皆さまに届くことを切に願っております。

本書を含む森永先生の旺盛なご執筆活動、ならびに論壇、メディア界でのご活躍に満腔の敬意を表するとともに、衷心よりご冥福をお祈り申し上げます。

本当にありがとうございました。

２０２５年2月13日

祥伝社 書籍出版部

森永卓郎流《もりながたくろうりゅう》「生《い》き抜《ぬ》く技術《ぎじゅつ》」31のラストメッセージ

令和７年３月10日　初版第1刷発行

著　者　森永卓郎《もりながたくろう》

発行者　辻浩明

発行所　祥伝社《しょうでんしゃ》

〒101-8701　東京都千代田区神田神保町3-3

☎03（3265）2081（販売）

☎03（3265）1084（編集）

☎03（3265）3622（製作）

印　刷　堀内印刷

製　本　ナショナル製本

ISBN978-4-396-61835-3　C0095

祥伝社のホームページ　www.shodensha.co.jp